古典文獻研究輯刊

十三編

潘美月・杜潔祥 主編

第 1 冊

《十三編》總目

編 輯 部 編

明末利瑪竇《交友論》研究

任 祖 泰 著

國家圖書館出版品預行編目資料

明末利瑪竇《交友論》研究／任祖泰 著—初版—新北市：
花木蘭文化出版社，2011〔民 100〕
目 2+128 面：19×26 公分
（古典文獻研究輯刊 十三編：第 1 冊）
ISBN：978-986-254-622-2（精裝）
1. 利瑪竇（Ricci, Matteo 1552 ～ 1610）　2. 傳記　3. 學術思想
011.08　　　　　　　　　　　　　　　　　　　100015550

ISBN-978-986-254-622-2

9 789862 546222

古典文獻研究輯刊
十三編　第 一 冊　　　　　ISBN：978-986-254-622-2

明末利瑪竇《交友論》研究

作　　者　任祖泰
主　　編　潘美月　杜潔祥
總 編 輯　杜潔祥
企劃出版　北京大學文化資源研究中心
出　　版　花木蘭文化出版社
發 行 所　花木蘭文化出版社
發 行 人　高小娟
聯絡地址　新北市永和區中正路五九五號七樓
　　　　　電話：02-2923-1455／傳眞：02-2923-1452
網　　址　http://www.huamulan.tw 信箱 sut81518@gmail.com
印　　刷　普羅文化出版廣告事業
初　　版　2011 年 9 月
定　　價　十三編 20 冊（精裝）新台幣 31,000 元　　　版權所有·請勿翻印

《十三編》總目

編輯部　編

《古典文獻研究輯刊》十三編　書目

《十三編》各書作者簡介・提要・目次

第一冊　明末利瑪竇《交友論》研究

作者簡介

　　任祖泰，國立台北大學古典文獻學研究所文學碩士，現爲新北市樹林區文林國小主任。任教十餘年間，發覺孩子愈來愈不愛閱讀，是故創作一系列，吸引兒童閱讀的「三好」童書：好的文字語言、好的童趣想像、好的教育意義，是作者未來的努力方向。

　　著有《草莓大鬧香蕉園》、《加油！飛天大象》《霸凌，滾吧！滾出校園！》（新苗文化出版）；《標點符號口訣歌》、《修辭聚光燈・標點符號篇》（翰林出版社）。曾擔任北縣自編國小生字語詞甲乙簿編輯，並獲頒台北縣政府「教師專書閱讀心得獎」。

提　要

　　《交友論》是明末來華耶穌會士利瑪竇（1552-1610），編譯的第一部漢字書籍，也是中國第一本融合東西方的交友哲學專書，在南昌於 1595 年完成的。利瑪竇以嫻熟的漢語能力，將西方交友哲學譯成中文，向華人展現西方的交友觀。因《交友論》的刊印流傳甚廣，打響他在中國的知名度，成爲明末最有影響力的傳教士。

　　利瑪竇打破傳教士以宗教宣揚爲先的藩籬，學習用中國人的語言文字、思想，著書介紹西方的交友觀，使人們耳目一新。中國人一改以天朝自居的舊觀念，開始對歐洲文明好奇不已，爭相與之會面，結交士人無數。

　　本論文旨在探討《交友論》的成書源由、版本及爲利瑪竇獲致的名聲。
全文分五章：第一章〈緒論〉，說明研究動機與目的、方法與範圍及前人研究
成果。第二章〈耶穌會士利瑪竇之生平及與華南士人之交遊〉，分述會士入華
的時代背景、利瑪竇的生平概述，並論及他與士人之交遊情形。第三章〈《交
友論》析論（上）〉，探討《交友論》形成之時空背景、現存的單行與叢書本，
並將《交友論》於各目錄著錄情形作整理。第四章〈《交友論》析論（下）〉，
對此書逐條內容評析，及明末士人們對此書與利瑪竇的評價。第五章〈與利
瑪竇友好的明末士人〉，分天主教教內與教外各五位代表性的人士，探討與利
瑪竇的友誼關係。第六章〈結論〉，就《交友論》的優、缺點予以評價，以彰
顯《交友論》一書的重要性。

目　次

第二冊　李卓吾事蹟繫年

作者簡介

　　林其賢，國立中正大學中國文學系博士

　　現任：

　　　　　國立屏東商業技術學院　副教授

　　　　　聖嚴教育基金會　董事

　　　　　法鼓山聖嚴書院　弘講師

　　主要著作有：

　　　　　李卓吾事蹟繫年

　　　　　李卓吾的佛學與世學

　　　　　聖嚴法師七十年譜

　　　　　聖嚴法師人間行履（合著）

提　要

　　本書考述明朝末葉李贄卓吾先生（1527-1602）生平事蹟與著作。分三章。

　　第一章為〈李卓吾事蹟繫年〉。

　　第二章為〈李卓吾師友考〉。

　　第三章為〈李卓吾著述考〉。

　　第三章〈著述考〉考訂現存或歷代書目著錄之李卓吾著述計共 102 種。先以「經、史、子、集、叢書」五部區分，各部再依「自著、評選、存目、託存疑」等四類分目，詳細考訂李卓吾著述之著作歷程與刊刻流傳。

　　第二章〈師友考〉則依年次為經、寓地為節，敘述李卓吾出守姚安（1577）

以前，去滇就黃（1581）之際、湖廣寄寓、出遊西北（1596）及以後所來往之師友朋弟，計共 61 人。

　　第一章〈事蹟繫年〉採「年譜」體式，以〈著述考〉、〈師友考〉爲基礎，除詳察李卓吾各書著作的時間，並將其重要文集中之各篇拆出，確切考察李卓吾六百餘篇詩文著作之年日與撰述背景，益以師友書箚、時輩錄記，期呈現李卓吾生平事蹟與思想發展之歷程。

目　次

第三冊　《續修四庫全書總目提要·經部》箋證

作者簡介

　　李士彪（1966～），男，山東省滕州市人。1985 年由滕州一中考入山東師範大學中文系，1989 年畢業，獲得文學學士學位。畢業後分配到滕州一中任語文教師。1991 年考入山東大學古籍所，主要從事秦漢文學及文獻學研究，1994 年獲得中國古典文獻學碩士學位，留校任教。1998 年考入山東大學文學院，主要從事魏晉南北朝文學研究，2002 年 6 月獲得中國古代文學博士學位。2002 年 8 月入復旦大學中國語言文學博士後流動站，從事《續修四庫全書總目提要》的整理研究工作，主要負責《經部提要》的校點，並撰成《續修四庫全書提要經部箋證》。現爲魯東大學文學院教授。博士論文《魏晉南北朝文體學》（2004 年 4 月由上海古籍出版社出版）獲得 2005 年山東省高校優秀科研成果二等獎。

提　要

　　1996 年，齊魯書社影印了《續修四庫全書總目提要（稿本）》，全書共分 37 冊，收錄提要三萬多篇。2001 年 12 月，復旦大學吳格先生主持《〈續修四庫全書總目提要〉整理研究》的課題。本人在博士後階段師從吳格先生，主要從事《續修四庫全書總目提要·經部提要》的整理研究，共完成校點二百四十餘萬字，並撰成《續修四庫全書總目提要經部箋證》。

　　《經部提要》收書五千多種，對研究中國經學、哲學、社會學、文字學有重要的參考價值。但提要在許多方面存在謬誤，需要加以辨證；或有闕疑未盡之處，亦需加以補正。因此《續修四庫全書總目提要經部箋證》主要對《經部提要》做了考源溯流、拾遺補闕、糾謬正訛的工作，包括所收書籍的作者生平、版本、內容以及提要撰寫者的學術傾向及觀點等。

　　本書的體例，大抵先列提要原文，或摘錄，或全錄。然後附以箋證。書名後標明此篇提要在《續修四庫全書總目提要（稿本）》中的冊數和頁碼，以便讀者檢覈。如（8-252），表示第 8 冊第 252 頁。提要中的文字錯誤，亦在文後附簡單的校記。箋證中提到《續修四庫全書總目提要（稿本）》者，簡稱「《續提要》」。

目　次

第四冊　隋代以前類書之研究

作者簡介

　　雷敦淵，祖籍湖南省湘潭縣，中華民國六十七年二月（1978.2）出生於臺北市。畢業於淡江大學歷史學系、東吳大學歷史研究所。

提　要

　　以往在探討「類書」這種文獻時，較常從類書的遠源、分類體系和架構、與西方百科全書間之同異、對文學發展之影響，或是專門探討某部類書等議題著手。它們的共同點在於取材的類書與相關文獻都是現今看得見的，是從完整或散失得較少的書開始著手，簡言之就是「以書究書」。因此探討先秦兩漢時期類書的遠源近流，以及隋唐以後的類書發展過程討論得較多，而三國至南北朝之間的部分就著墨得較少。畢竟這段時期的書別說是全帙，就連要找到隻字片語都有些困難。

　　本文以一位歷史研究所學生的觀點另闢蹊徑，從「以史究書」的角度嘗試討論此期類書之發展過程。只要史書中還留下任何人物、時間等相關線索，

哪怕是僅有一鱗半爪也盡力搜羅；儘量將這些類書可能是什麼樣貌，以及各編纂者身處之時代背景、生平經歷說得再詳細清楚些，並在有限學力下試圖初步瞭解它們出現的歷史意義及與當時史學間之關聯。這是本文序言、第貳至肆章及餘論等部分想要試圖著墨的。

另外由於「類書」這種文獻並非現今歷史學系學生常接觸之圖書，因此在緒論中先羅列字辭典、百科全書以至研究論著等說法，原期盼由淺入深地說明何謂類書，卻驚覺有窒礙之處；繼而提出爲何不易瞭解類書意涵之己見，並嘗試簡潔地介紹類書。

目　次

第五冊　陳振孫《直齋書錄解題》研覈餘瀋

作者簡介

何廣棪，字碩堂，號弘齋。早歲追隨羅元一（香林）、李幼椿（璜）、王懷冰（韶生）諸教授問學最久，獲益良多。其後則親炙饒選堂（宗頤）教授，以迄於茲。良師耳提面命，言教身教之餘，品學日以進。終乃獲香港新亞研究所文學博士學位。東渡來臺，受聘臺灣華梵大學東方人文思想研究所教授，曾兼所長，留臺凡 16 年。二年前榮休賦歸香江，仍出任香港樹仁大學、新亞研究所教授。平素勤於治學，著述頗富，以鑽研李清照、陳振孫成績最著而負盛名，甚受海峽兩岸三地學人矚目與揚譽。

提　要

撰人何廣棪教授乃海峽兩岸研治陳振孫及其《直齋書錄解題》最有貢獻之學人，成果至爲豐贍。前此著有相關書籍五種、凡 14 大冊，約 500 萬言，已絡繹交由本出版社付刊行世，收入《古典文獻研究輯刊》各編中，甚受學壇重視。

茲者，又將其研覈振孫及其學術所已發表之論文，此皆何教授視爲「餘瀋」者，共 23 篇，乃統一其體例，編理成書。內容所涉，及於振孫生卒年、振孫對群經研治、另有撰人對《解題》所撰札記、撰人對《解題》中提及之歷史人物與詞語典故所作考證，與最近完成之〈陳振孫評詩資料輯考〉。每文撰就，均歷經撰者精雕細琢，故每見心得，因而亦極見功力。

目　次

第六、七、八冊　龍坡書齋雜著——圖書文獻學論文集

作者簡介

潘美月，臺北市人。臺灣大學中國文學碩士。曾任臺灣大學中國文學系
教授、圖書資訊學系教授、佛光大學文學系教授兼系主任。研究領域為目錄
學、版本學、印刷史、圖書館史、藏書史等。曾赴中國大陸、日本、韓國、
美國、加拿大及歐洲諸國，除受邀講學外，亦遍訪各國圖書館，飽覽館中珍

藏之古籍文獻。主要編著有《中國目錄學》、《圖書》、《圖書版本學要略》（增訂本）、《中國大陸古籍存藏概況》、《東亞文獻研究資源論集》、《宋代私家藏書史》及《古典文獻研究輯刊》等多部專書，以及發表於期刊及研討會之學術論文數十篇。

提　要

　　作者歷年來發表於期刊及研討會之學術論文數十篇，今彙編而成此書。全書分四個部分：第一部分：藏書家與文獻學家，共收錄四篇。第二部分：典籍漫談，乃作者於 1983 年 4 月至 1985 年 9 月，爲《故宮文物月刊》之專欄所撰寫之論文，共收錄十四篇。第三部分：圖書印刷與版本目錄學，共收錄十五篇。第四部分：館藏資源與古籍整理，共收錄六篇。此論文集涉及範圍甚廣，其中包括目錄學、版本學、校勘學、藏書史、印刷史、圖書館學等，期能提供相關學者之參考。

目　次

第九冊　葉德輝《書林清話》研究

作者簡介

　　蔡芳定，臺灣嘉義人。國立臺灣師範大學國文系文學博士、文學碩士、文學士，國立臺灣大學圖書館學研究所文學碩士，國立臺灣大學法律系法學士。曾經擔任：臺北市立建國中學國文老師，國立臺北工專共同科國文組副教授，國立臺北大學中文系教授兼人文學院院長，國立臺灣師範大學國文系教授等職。現為世新大學中文系教授兼主任。著有：《中國文學批評史上之美學批評法》、《唐代文學批評研究》、《北宋文論》、《現代文學批評論叢》、《葉德輝觀古堂藏書研究》等書。

提　要

　　《書林清話》，民國葉德輝撰，是學子通知版本目錄入門的嚮導，攻治學術的階梯。自其問世以後，因其脈絡清晰、資料宏富、自成體系，言中國圖書版本始有專門著作。

　　本論文採歷史研究法，就直接資料之《書林清話》原書，與葉氏其他藏書目錄題跋；間接資料之諸家藏書志、版本目錄學專著、中國書史等論述及相關研究論文，一一蒐羅考訂。進而將所有資料分別歸納、整理、綜合、比較、分析、闡述。

　　文分九章：首章〈緒論〉載明問題陳述、文獻分析、研究目的、研究範圍與限制、研究方法；二章〈葉德輝傳略〉論述葉氏生平事、政治立場與生命情調；三章〈葉德輝之學術活動〉分藏書、著書、刻書三節，考察葉氏學術成就，並析論其編撰《書林清話》之內在因緣；四章《書林清話》之編撰〉，探討其編撰動機、成書經過與編撰體例，並考述書中引用諸家目錄題跋之版本；五、六、七三章《書林清話》內容述評〉闡述評介其內容之理論與實際，計分十三節；八章《書林清話》之評價與影響〉，評斷該書之價值及影響；九章〈結論〉，後附參考書目。

目　次

第十冊　洪興祖《楚辭補注》研究

作者簡介

　　李溫良，1964 年生，台灣宜蘭人。1987 年畢業於師大國文系，任教於台北縣中和國中，1991 年考入成功大學中文研究所，跟從陳怡良教授研究楚辭，1994 年獲碩士學位，隨後返回母校宜蘭高中任教，十餘年來歷任導師、訓育組長、校長秘書等職務，現為國文科教師。

提　要

　　本文內容凡分八章，首章為「緒論」，言撰作之旨與探究之法。次章為「洪興祖之時代環境與學術背景」，言作者所處之政治、經濟、社會環境為何，以明時代背景賦予其人之影響；同時又及於學術發展之探索，舉出疑辨思潮勃興、治學規模廣闊、教育事業盛行、雕印技術提升乃彼時學術蓬勃之實際風貌，以明洪氏所受之薰陶。三章為「洪興祖之生平與著述」，言作者之家世概況，以明其性情之養成，又述及仕宦歷程，以明其人格與思想，進而舉其著述成果，以明《楚辭補注》之撰作態度。四章為「《楚辭補注》之撰著與流傳」，言此書創作之動機，以明洪氏乃有所興寄，又述此書分合改易之跡，以明《考異》與《補注》之區分。五章為「《楚辭補注》之體例」，言此書之訓解補釋、詮釋用語、徵引典籍等原則，以明其體製義例。六章為「《楚辭補注》之成就與不足」，言此書之特色有八，而不足者有四，以明洪氏撰作之得失。七章為「《楚辭補注》之地位與價值」，言宋以來學者於此書所評為何，並考察後人承襲洪說之處，以明此書於《楚辭》研究中之貢獻。八章為「結論」，綜述二至七章之大旨，期能歸納洪書之特質。以上即本書撰作之大要。

目　次

第十一冊　文選學綜觀研究法

作者簡介

　　游志誠，祖籍福建南靖，民國四十五年出生於台灣南投縣鹿谷鄉。中國文學博士，美國田納西大學訪問教授，現為國立彰化師範大學文學院國文系所專任教授。

　　有關文選學著作有：文選學新探索，昭明文選講讀，文選古注，台灣文選

學史，文選綜合學等。曾獲教育部青年研究著作獎，行政院優良學術著作獎助，國科會學術代表作獎等多種，並曾主編大學叢書一套，參編大學教材二種等。

提　要

夫文選學一辭之始名，固不自今日始，方昭明擇集之際，凡去取之準則，衡文之標的，其學自在其中矣！其後凡有音注釋義，以叩之《文選》正文者，固亦屬焉。至於近世，孳乳以廣斯域，並其相涉諸方者，統名之曰「文選學」。

本書因承先儒之餘緒，總要其分殊，而設四章以括其類，首曰「文選版本學」，凡唐世寫本，宋世刻本，見於今代可資正文字句並注疏之考訂者，悉羅網而置之案前。顧《文選》之版本，未有如今世所見之多也，清人號曰選學復興，而諸家所見，乏有善本如宋刻者，遑論與崇賢並世之寫本哉！是以本論文所探之本，較先代為廣為善，乃得以自許曰新探。其次第二章據版本之新出，以校先儒之舊業，知其誤校，疏謬，錯漏者多，蓋皆緣於所見本少也，即以清人胡克家《文選考異》為例，摘其誤，匡其闕，補其不足，而有「文選校勘學」之設也。第三章乃本之正文版本，並正文字句之可定，益進其詳，以探《文選李善注》與《五臣注》之異同，析其條例，別其詳略，判其優劣，而題曰「文選注疏學」，自是《文選》正文之意義，可得其概。第四章復就明清之評點《文選》者，揭其程文之道，觀評之法，以示吾國文評之實存而見形者，題曰「文選評點學」。

然則四章雖各有說，分立之中，猶相連屬，而其要總歸之綜合並參之學也。蓋先儒之作，或顧此而略彼，或詳考訂，而忽評點，其見不免一偏之弊。考「文選學」者，文學之事業也。不本之文學，何可範其體類，本論文因揭示綜觀之目，曰「文選學綜觀研究方法示例」，以殿末章。由是而有五章之題也。

目　次

第十二、十三冊　劉秉忠《藏春樂府》研究

作者簡介

林妙玲，一九七七年生，台灣高雄市人，高雄師範大學國文系學士、成功大學中文所碩士。著有〈稼軒詞中梅花與牡丹意象之探析〉、《劉秉忠藏春

樂府研究》。現任教於高雄市立茄萣國中。

提 要

　　劉秉忠（1216～1274）是元代的開國名臣，其詞作《藏春樂府》不僅眞實記錄其心態情感，更透露出當時的詞壇氛圍，在金元之際的詞史上具有代表意義，是研究中國詞史發展不可或缺的一環。然而，其《藏春樂府》卻一直未有較全面性的觀照。因此，本論文分別從版本校訂、生平交遊、內容風格、形式特色、山谷詩論之承繼五個方面著手，期能爲劉秉忠《藏春樂府》作一更深入的呈現。

　　在版本校訂方面：因爲劉秉忠生前著述很多，然其詩、詞、文之實際卷數，各家說法駁雜。故本論文首先便根據現有之文史記錄，查考其作品流傳刻印之情形與版本之異同，並釐清現存《藏春樂府》的版本，校對補遺，以求其詞內容之全貌。

　　在生平交遊方面：由於作品風格往往和作者之個性想法、行事作風息息相關，而人之思想習慣通常會因爲家世背景、社會環境以及周遭人事的影響而有所不同。所以，在正式論析《藏春樂府》內容之前，先著手探討劉秉忠之身家背景、生平際遇、交遊狀況，歸納其個性與行事作風，如此才能對《藏春樂府》之內容有更深入的了解。

　　在內容風格方面：由詞作的內容，可看出一位詞人的寫作傾向及生命情調，所以想要瞭解劉秉忠詞作的風格，深入瞭解其詞作內容是必要的。《藏春樂府》之內容可分爲詠物、詠史、酬贈、詠懷等四種，我們不僅可以從中得知劉秉忠之心理轉折，更能見其不薄詞爲小道，致力爲詞之用心。另一方面，由《藏春樂府》之內容鋪陳，可以發現劉秉忠詞作多陶寫情性，以不希名譽、不滯於物的蕭散閑淡爲主要風格，其造句用語多含蓄蘊藉，更善於援引史書、方志、稗官野史、民間傳說等，以簡的文字，委婉曲折地道出情性心志，無怪乎元好問力讚劉秉忠：「天資高，內學富，其筆勢縱橫，固已出時人畦畛之外。」

　　在形式特色方面：詞到元代，已漸衰微，並非文學的主，北方文人從事詞學創作者稀。但身處金元之際的劉秉忠，卻是當時少數詞作超過八十闋的文人。劉秉忠在詞調選用上，不僅注意詞調聲情相合，更致力塡寫小令，欲復唐五代、北宋之盛況；詞律安排部份，除了沿用前人舊譜外，也能變舊調而作新聲，足見其對音律之精熟；其擇韻也相當謹慎，務求聲與情相符合，然其用韻並非依韻書逐字推敲，乃因物起興、隨情歌詠。由此足見劉秉忠無

論在擇調、詞律、用韻相當謹慎，雖然未能在當時的詞壇中造成深刻的影響，但他所作的努力是值得肯定的。

在山谷詩論之承繼方面：劉秉忠於詩詞中，不只一次透露出對「山谷家風」的傾慕，其詩詞理論更是承繼「山谷家風」，即黃庭堅之詩論而來。《藏春樂府》內容以抒發個人情志爲主，更以舊爲新，好化用前人詩句，援引典例故實，亦常以口語方言入詞，足見劉秉忠爲詞以黃氏詩論爲宗，其《藏春樂府》更是金元之際延續江西詩風的重要著作。

目　次

第十四、十五冊　周穆王時代銅器研究

作者簡介

　　鄭憲仁，高雄市人，國立臺灣師範大學國文學系學士、碩士、博士。現任教於國立臺南大學國語文學系。學術專長為：中國古文字學、先秦禮學（三禮）、古器物學、中國上古史。發表著作如：《西周銅器銘文所載賞賜物之研究——器物與身分的詮釋》（博士論文）、《周穆王時代銅器研究》（碩士論文）、〈銅器銘文所見聘禮研究〉、〈銅器銘文「金甬」與文獻「鑾和」之探究〉、〈銅器銘文札記〉、〈子犯編鐘——西之六自探討〉、〈銅器禘祭研究〉、〈豆形器的自名問題——兼論器物定名〉、〈西周銅器斷代研究上的幾點意見〉、〈《殷周金文集成引得》與《殷周金文集成釋文》隸定相異處探討——以樂器為例〉、〈哀成叔諸器研究〉；〈周代「諸侯大夫宗廟圖」研究〉、〈關於《儀禮》儀節研究

的探討——以〈公食大夫禮〉爲例〉、《《儀禮・聘禮》儀節之研究》、〈郭沫若《周禮》職官研究之探討〉等。

提　要

　　本論文以標準器斷代法爲基礎，以傳世古籍與銅器銘文相參驗，繫聯相關器群與墓葬，對西周穆王時代銅器做全面性的探討。

　　穆王時代是西周銅器的轉變時期，在器形、紋飾和書法風格方面，對「周人風格」的建立具有關鍵性的地位。本文對學者們在穆王時代器的各種意見，匯整討論，並且檢驗其論據是否合理、正確，剔除錯誤或舉證不足的說法，更進一步提出將穆王時代銅器做分級，便於其他領域的學者利用。

　　本文考釋四件標準器銘文，並結合古籍記載及各銅器銘文間的相關人事時地，參考器形、花紋及文字風格，綜合地對穆王時代器做探討與分級。本文將所涉及的銅器分爲二十一組，並逐次探討是否爲穆王時代器，依可信度加以分級，第一級爲可信度最高的標準器，由銘文可以明確看出其時代；第二級亦爲標準器，經由銘文內容可以推得；第三級爲相關器，由文獻或銘文的比對研究，加上器形花紋、字體風格與考古情況的探索之後，可以肯定爲穆世器者；第四級爲可能器，可信度較相關器爲低，所能論斷爲穆世器的理由稍有不足。本文又在此基礎上，對穆王時代史實做補充、對銅器所呈現的面貌與風格進一步剖析。

　　全文一共涉及了二百二十五件左右的銅器，討論後定出穆世一級器兩件、二級器兩件、三級器四十一件、四級器七十一件。

目　次

第十六、十七冊　晉系青銅器研究

作者簡介

　　蔡鴻江，國立高雄師範大學國文研究所碩士班與博士班畢業。曾任高苑科技大學夜間部教學組組長、國立高雄餐旅學院課務組組長與進修部教務組組長、國立高雄餐旅學院通識教育中心主任、臺灣茶葉學會理事、高雄經典學會理事、華夏語文學會理事。現任國立高雄餐旅大學通識教育中心副教授。碩士論文是〈晉國文獻及其銘文之研究〉、博士論文是〈晉系青銅器之研究〉。發表論文有〈晉國軍事銅銘之研究〉、〈兩周晉系飪食銅鼎形制之探微〉、〈晉國銘文與侯馬盟文形構關係之研究〉、〈春秋時期青銅器論略〉、〈東周時期巴蜀地區青銅器概述〉等數十篇。

提　要

　　百年來商周時期的地下文物，諸如甲骨片、青銅器、簡帛等不斷出土，尤其是窖藏或墓葬的青銅器，其數量已遠過於宋清時期。這些器物不僅形制精巧靈妙，紋飾光鮮亮麗，且銘文特殊異，頗富有地方諸國之特性，此於青銅器之研究更邁向區域整合之探究，且於兩周時期各諸侯國之歷史，能提供強而有力之證物。

　　由於分期區域之研究，已是青銅器研究之共同趨勢，目前楚系青銅器研究已有具有成果，其他各系尚待開發探賾。本文欲以晉系為研究之對象，內容共分為五章：第一章深索殷商青銅器分期分域之問題，以及研究之動機、重點與重要性。第二章分析闡述晉系青銅器在歷代文獻著錄與現今出土之狀況。第三章以研究晉系青銅器之形制與紋飾為重點。第四章探討晉系青銅器銘文之內容。第五章綜結晉系青銅器形制、紋飾、銘文之特徵，同時建構晉系青銅器在中國文化史之意義。

　　本文研究之成果，不僅確立晉系銘文之編年，而且重整晉系諸國在政治、軍事、禮制、音樂、曆法、官制、工業等方面之文物史料；更重要是瞭解當

時鑄器狀況，不論材料來源、材料選擇、鑄器用意等三方面，均爲文獻史料所未逮。由於晉系青銅器鑄造遺址之發掘，不僅讓當時工業文化之曙光重現於世，且爲晉系青銅器在中國鑄冶史提出最珍貴之見證。

目 次

第十八冊　「黃老帛書」研究

作者簡介

　　黃武智，男，一九七三年生，台灣高雄人。畢業於靜宜大學中國文學系、國立中山大學中國文學系碩、博士班。碩士論文《「黃老帛書」考證》、博士論文《上博楚簡「禮記類」文獻研究》（獲得「國立中山大學 97 學年度博士研究生優秀畢業論文獎」）。長期致力於出土資料之思想史、學術史、文字學研究，以及清代台灣平埔族研究，著有〈黃叔璥生卒年及其著作《臺海使槎錄》序文作者考證〉、〈《臺海使槎錄》的史料價值與學術價值——以〈番俗六考〉與〈番俗雜記〉爲例〉等文。

提　要

　　西元一九七三年冬，湖南省長沙市馬王堆三號墓中出土大批帛書，其中《老子》乙本卷前古佚書，學界咸認爲乃漢初「黃老學派」之重要典籍，具有極高之思想史史料價值。本書寫作之目的，在爲該佚書之名稱、作者、產生時間與產生地點作一考證，並略述該書之思想大綱。書分五章，首章略論本書之研究方向、動機、目標及方法。次章論述該佚書之外在形式、名稱、作者及產生地點，認爲該佚書宜暫稱爲「黃老帛書」。從「黃老帛書」之外在形式看來，未必爲一不可分割之整體，而其與〈漢志〉中所著錄之諸典籍間，在內涵上也未必完全相同。依其內容及形式觀之，「黃老帛書」當非一人一時之作；其中之諸篇章，較可能收錄在諸子略道家《黃帝君臣》和兵書略兵陰陽家《黃帝》二書中。至於作者與地點問題，主張《經法》爲楚人所作，而

「黃老帛書」之產生地點則在齊國稷下。三章論述「黃老帛書」之產生時間，認為約當戰國末期初葉。四章論述「黃老帛書」之思想，發現其內涵與漢初流行之「黃老思想」相同，而其核心觀念乃為「因」，並在「因」之基礎上取用道家、法家、名家與陰陽家之說，構成其思想體系，亦以此為基準，批判式地取用儒家、墨家思想。末章則總結第二、三、四章之結論，並兼述黃老之學興盛於漢初之原因，以及「黃老帛書」在思想史上之意義。

目　次

第十九冊　寒山資料考辨

作者簡介

葉珠紅，臺灣省台南縣人，逢甲大學中文研究所博士。

著有：《唐代僧俗交涉之研究》，台北，花木蘭文化出版社。

寒山研究專書：

《寒山詩集校考》，台北，文史哲出版社。

《寒山資料類編》，台北，秀威科技公司。

《寒山詩集論叢》，台北，秀威科技公司。

論文集：《絳雲集》，台北，秀威科技公司。

考古記遊散文：

《流光千里荌荷香——吳越江南三十天紀行》，台北，秀威科技公司。

提　要

　　活動於盛、中唐的天台詩人寒山，與國清寺僧豐干、拾得交好，自宋朝開始，便有寒山乃文殊化身，拾得是普賢轉世，豐干為彌陀再來，世所謂「天台三聖」的傳說。寒山傳於後世之詩作有三百餘首，其傳說影響江、浙地區，在元、明之際，寒山、拾得被奉為「和合二仙」，《全唐詩》將寒山詩列為釋氏詩人之首，清雍正更將寒山、拾得敕封為「和合二聖」。

　　本書分三大部份，一、由寒山內證詩，以及有關寒山的傳說，試定出寒之生卒年。二、就學界至今未多留意的《永樂大典》本《寒山詩集》，探討其特色。三、就目前流傳最廣的寒山詩版本——《天祿琳琅》宋刻本《寒山子詩一卷附豐干拾得詩一卷》（本書簡稱《天祿》宋本），校以《永樂大典》本《寒山詩集》，分別就其錯謬字、形近而誤、音近而誤，以及《天祿》宋本對寒山詩之雅化，以見《天祿》宋本與《永樂大典》本《寒山詩集》，實為兩個不同收集系統下的結果。

目　次

第二十冊　印光大師年譜長編

作者簡介

　　夏金華，一九五八年生，浙江建德人。

　　曾出家八年，法名靜華。上海佛學院首屆畢業生。做過監院。

華東師範大學中國哲學博士。現任上海社會科學院哲學研究所研究員。

主要著作有《佛學與易學》（臺灣新文豐出版有限公司，1997）、《金剛頂經釋譯》（臺灣佛光出版社，1997）、《佛教善惡觀》（宗教文化出版社，2002）、《緣起 佛性 成佛——隋唐佛學三大核心理論的爭議之研究》（宗教文化出版社，2003）、《寶相莊嚴——五百羅漢集釋》（上海文化出版社，2011）等八部。

此外，在香港、臺灣、加拿大、新加坡及內地報刊雜誌發表論文八十餘篇，近二百萬言。

提　要

大師的生平行履簡單明瞭，出家以來，以閉關生活為主。然其行事風格卻迴出常情，思想深邃而論述平實；日常以念佛、勸善為務。本書以此為主線，將大師的文集細作爬梳，對勘考證，每年繫事，以見其思想發展、成熟之脈絡，尤其是大師提及淨土宗祖師或引用其文章，均詳加注釋，並標明出處，以突出譜主特色。其中對大師確立倡導淨土法門的因緣、惜福習勞、神通示現、文章署名“常慚”或“常慚愧僧”的原因，以及於關房內書“死”字條幅以警策等，書中亦有詳細表述。本書多徵引譜主文字般若，使讀者有如身臨其境，面聆大師教誨；且附錄實用藥方數則，以見其拯救眾生疾苦之無限悲心。

目　次

明末利瑪竇《交友論》研究

任祖泰　著

作者簡介

　　任祖泰，國立台北大學古典文獻學研究所文學碩士，現為新北市樹林區文林國小主任。任教十餘年間，發覺孩子愈來愈不愛閱讀，是故創作一系列，吸引兒童閱讀的「三好」童書：好的文字語言、好的童趣想像、好的教育意義，是作者未來的努力方向。

　　著有《草莓大鬧香蕉園》、《加油！飛天大象》《霸凌，滾吧！滾出校園！》（新苗文化出版）；《標點符號口訣歌》、《修辭聚光燈・標點符號篇》（翰林出版社）。曾擔任北縣自編國小生字語詞甲乙簿編輯，並獲頒台北縣政府「教師專書閱讀心得獎」。

提　　要

　　《交友論》是明末來華耶穌會士利瑪竇（1552-1610），編譯的第一部漢字書籍，也是中國第一本融合東西方的交友哲學專書，在南昌於 1595 年完成的。利瑪竇以嫻熟的漢語能力，將西方交友哲學譯成中文，向華人展現西方的交友觀。因《交友論》的刊印流傳甚廣，打響他在中國的知名度，成為明末最有影響力的傳教士。

　　利瑪竇打破傳教士以宗教宣揚為先的藩籬，學習用中國人的語言文字、思想，著書介紹西方的交友觀，使人們耳目一新。中國人一改以天朝自居的舊觀念，開始對歐洲文明好奇不已，爭相與之會面，結交士人無數。

　　本論文旨在探討《交友論》的成書源由、版本及為利瑪竇獲致的名聲。全文分五章：第一章〈緒論〉，說明研究動機與目的、方法與範圍及前人研究成果。第二章〈耶穌會士利瑪竇之生平及與華南士人之交遊〉，分述會士入華的時代背景、利瑪竇的生平概述，並論及他與士人之交遊情形。第三章〈《交友論》析論（上）〉，探討《交友論》形成之時空背景、現存的單行與叢書本，並將《交友論》於各目錄著錄情形作整理。第四章〈《交友論》析論（下）〉，對此書逐條內容評析，及明末士人們對此書與利瑪竇的評價。第五章〈與利瑪竇友好的明末士人〉，分天主教教內與教外各五位代表性的人士，探討與利瑪竇的友誼關係。第六章〈結論〉，就《交友論》的優、缺點予以評價，以彰顯《交友論》一書的重要性。

第一章 緒 論

第一節 研究動機與目的

一、研究動機

利瑪竇（Matteo Ricci,1552～1610），字西泰，這個名字在中國是不陌生的；歷史上到過中國的歐洲人中，以馬可波羅（Marco Polo,1254～1324）與利瑪竇最爲人們所熟悉。利瑪竇三十歲時於明神宗萬曆十年（1582）調赴澳門，準備入華傳教，同時爲入境隨俗，努力學習中文。〔註1〕隔年從澳門入廣東肇慶開始，由華南、經長江流域、後至北京輾轉傳教多年，用各種方式不斷奮鬥、結交友朋，爭取社會各階層人士的友誼，進而認同並支持天主教；甚至運用西方科技文明的新奇感，使不少重視實學的王族士紳與之交遊。〔註2〕近來學者對利瑪竇的科學天文與數學文獻譯著的東傳討論甚豐，但較少論及他在交友哲學上對中國的貢獻，及利瑪竇於中國不同時、地的交友情形爲何，促使他能以一位西來傳教士的身份，化身爲西來儒者，廣交明末的權貴大儒等，達成其入華宣教的終極目標。

利瑪竇以一位外國人而能與明末士人交遊近三十年，且於中國大江南北交友無數、名留千古，他是如何做到的？而他來華第一本漢字著作《交友論》一書的成書背景、內容爲何？給當時的明末社會之交友哲學帶來哪些全新的

〔註1〕詳見羅光：《利瑪竇傳》（台北：台灣學生書局，1979 年），頁 20～29。
〔註2〕晏可佳：《中國天主教簡史》（北京：宗教文化出版社，2001 年），頁 34～45，第二章耶穌會所確立的傳教策略。

觀念？並從此書的流傳，士人對此書與利瑪竇的評價為何？並於文末列舉數名具代表性或特殊性的教內、教外人士，再檢視他們與利瑪竇的友誼。這些是值得我們研究的重要課題。

二、研究目的

從萬曆二十八年年終（1601）利瑪竇受詔入北京，到萬曆三十八年（1610）病逝，獲皇帝欽賜墓地，這最後的十年間，在中國天子腳下的北京城內，他發揮了最大的智慧與毅力，將所學所知的西方知識傳授、口述予與之交遊的士人們，也將他接觸的明末中國文化與現況真實的記錄於其扎記、書信中，成為了解當代中西文化交流的最佳教科書。〔註3〕

這也是中國歷史上第一次，從歐洲有計劃、大規模地將西方文化、科技等知識傳入中國的時期，正是明朝末年的天主教幾個支派的傳教士們所做出的貢獻，其中，最著名也最為後人所津津樂道的，利瑪竇算的上是第一人。他雖不是第一位進入中國的天主教耶穌會傳教士，卻是第一批入華耶穌會士之中，最具歷史影響力的特別人物。為何之前來華的傳教士皆無法進入中國內地宣教、處處受挫，唯獨利瑪竇能在中國開教多年、頗獲認同，《交友論》一書是否為其關鍵，實應加以探討。故本論文的研究目的，即為探究《交友論》的發行，對利瑪竇與士人交遊及提升名望的影響。

第二節　研究方法與範圍

一、研究方法

從歷史文獻、明末士大夫與利瑪竇交友情形的轉變，再配合利瑪竇的扎記及書信集的記載，來研究分析《交友論》成書前後其交友情形、傳教順遂與否之改變。並闡述《交友論》的內文意義，再參照友人對其人及此書之評述，了解利瑪竇為何能在中國行走成功的原因。

廣泛閱讀前人就《交友論》相關的專書、發表的論文逐一審視，立足於前人研究的基礎上，尋求突破與搜尋問題之所在，並嘗試找出答案。最後就《交友論》一書的中文版本、記載於哪些著名藏書目錄等作研究考察，期能了解此書現存之實情。

〔註3〕羅光：《利瑪竇傳》，頁18，詳見利瑪竇58歲時之記載。

二、研究範圍

本論文以利瑪竇的著作—《交友論》爲中心，旨在探討此書成書前後對利瑪竇於中國活動的不同影響，且聚焦於利瑪竇在華南與長江流域的交友情形爲主，並探討明末士人對《交友論》的觀感，此書的流傳對利瑪竇聲望的提升等。對於利瑪竇的科學與天文、數學、地圖等著作及天主教的教義與宣教情形、利瑪竇年譜等的介紹與影響，因前人著墨甚多，故不列入本論文的研究範圍之內。

因中文本《交友論》的內容份量不多，單行本相當少見，因而國內學者從無人探討過，僅有一日本學者曾明確指出，《交友論》有二個單行本〔註4〕，故《交友論》之單行本乃筆者用力較多的地方；先參以利瑪竇等人的記述，再查詢輔仁大學神學院圖書館及中央研究院傅斯年圖書館等之館藏，以了解羅馬及耶穌會有無《交友論》之單行本。再者探究《交友論》的叢書本，因筆者時間與能力的限制，故僅能就北台灣現存能見到的版本、查閱到的版本著錄情形作爲研究討論的範圍，再佐以方豪先生的論述來相對照。

第三節　前人研究成果

近代學者對利瑪竇研究最深者，首推方豪（字杰人，1910～1980）。他在《方豪六十自訂稿》內有多篇文章探討《交友論》及利瑪竇在華結交友朋之行誼，並對《交友論》一書的版本及內文有概要的介紹。〔註5〕前輔仁大學校長羅光（字焯炤，1911～2004）所著的《利瑪竇傳》，可說是繼方豪之後，台灣學者研究利瑪竇的大儒。新任中央研究院院士、清大歷史所黃一農教授，

〔註4〕請參見本論文之《交友論》析論（上）章的第二節《交友論》版本，單行本部份之朱廷策校本條。

〔註5〕在此特別感恩中央研究院中國文哲所李奭學教授，於筆者碩士候選人之小論文《明末利瑪竇《交友論》之成書與評述》送審的意見表裡，清楚指出「方豪在《六十自訂稿》中那篇〈交友論新研〉，其實抄自德禮賢用義大利文寫的《交友論》義文翻譯及詳注」。而德禮賢的該篇論文，請見本論文之《交友論》析論（上）章的第二節《交友論》版本，單行本部份之馮應京原刻本條。筆者原對德氏於論文中條列式的文句，因不懂義文，故不知其所云，至今方理解二篇論文之關係。並對李教授其他意見的提供，如《交友論》條文來自"De Amacitia"部份；利氏之所以譯《交友論》的西方背景，如西塞羅及亞里士多德的「友誼」言論；最後，李教授更推薦其專著，可讓筆者做更深入之參考，一併感謝。

乃以科技與歷史考證相結合而見長，編有專著就晚明天主教史、「泰西儒士」
與明末士大夫之交友實情作考察，進行深入的研究分析。〔註6〕

　　現任中央研究院文哲所副研究員的李奭學教授，對於晚明耶穌會利用歐
洲世說、寓言、神話與傳說等材料，進行東西文學交流的研究開風氣之先，
打破以往明末耶穌會對華的貢獻，多以科技、數學為主的陳舊觀念。並於其
專著的二個章節，運用上述材料，論及《交友論》的內文闡述及其他不同觀
點，在筆者撰寫論文之末獲益匪淺。〔註7〕近年更有日本學者平川佑弘的《利
瑪竇傳》，可說是探討利瑪竇與《交友論》的國外專書，日前已有漢字版發行
於世。

　　而大陸的學者如：林金水、汪前進、張國剛、孫尚揚、許明龍等人，都
對利瑪竇等傳教士做了專書探討；更有編寫《中國天主教編年史》的學者顧
衛民，對利瑪竇等傳教士來華的活動歷史，編成紀年式的專書記錄之。香港
的城市大學出版社更推出「跨文化研究叢書」，目前已出有朱維錚的《利瑪竇
中文譯著集》，內有一個章節專論《交友論》，可說是近年來，探討《交友論》
較佳的書籍。

　　以《交友論》為研究主題，較為重要的單篇論文優缺點方面，首推鄒振
環：〈利瑪竇交友論的譯刊與傳播〉〔註8〕，算是對《交友論》探討最為深入
的單篇論文；但鄒氏在《交友論》的成書時間記述嚴重錯誤，顯然對利瑪竇
的年譜不夠清楚，故對歷史事件的先後順序倒置，筆者會於《交友論》析論
（下）章第一節的《交友論》疑義綜合論述進行說明。再者，康志傑：〈人生
實踐悟出之真諦──孔子與利瑪竇交友觀之比較〉〔註9〕與康志杰：〈論《論語》
與《友論》的人倫思想〉〔註10〕實為同一篇論文，只是相隔四年先後於台灣
與大陸，發表時用不同名稱，內容卻大同小異的單篇論文，此篇主要闡述孔

〔註6〕黃一農：《兩頭蛇──明末清初的第一代天主教徒》（新竹：清大出版社，
　　　　2005 年 9 月）。

〔註7〕詳見李奭學：《中國晚明與歐洲文學──明末耶穌會古典型證道故事考詮》（台
　　　　北：中央研究院、聯經出版公司，2005 年），第三章及第五章。

〔註8〕鄒振環：〈利瑪竇《交友論》的譯刊與傳播〉，《復旦學報》（社科版），2001
　　　　年第 3 期。

〔註9〕康志傑：〈人生實踐悟出之真諦──孔子與利瑪竇交友觀之比較〉《孔孟月
　　　　刊》，35 卷 7 期，（1997 年 3 月）。

〔註10〕康志傑：〈論《論語》與《友論》的人倫思想〉《韓山師院學報》，2001 年
　　　　第 4 期，（2001 年 12 月）。

子與利瑪竇交友觀之比較，但對《交友論》的成書、版本與評述皆無論及，故筆者僅於本論文之內容評析一節參考康氏的論文。

　　再者是郝貴遠：〈從利瑪竇《交友論》說起〉〔註11〕，此單篇論文先從歷史的角度概述《交友論》成書的過程，再對內文十餘條做簡介帶過，惜未對這些內文做解釋或抒發己見；進而論及十七世紀中葉來華的（意）衛匡國（Martino Martini,1614～1661）神父，仿利氏之《交友論》所做的《述友篇》，並對此二本書做一簡單的比較，此論題頗具特色，郝氏僅點到為止，可加深加廣之處頗多，此論題是後人可做深入研究的好題目。本篇最後談到孔子（名丘字仲尼，551～479 BCE）的交友觀，而康志傑：〈人生實踐悟出之真諦—孔子與利瑪竇交友觀之比較〉寫作時間較此篇為晚，在此論點與郝氏的相近。但筆者本論文討論的重點在《交友論》之成書與評述上，對衛匡國的《述友篇》與孔子的交友觀並不需要特別徵引，是故郝氏：〈從利瑪竇《交友論》說起〉，對筆者撰寫本論文，無太大的助益。

　　最後，台灣與大陸各有一位學者，撰寫有關《交友論》的單篇論文。台灣的玄奘大學舉辦的第一屆「應用倫理學術研討會」中，黃文樹：〈李贄與利瑪竇的交誼及其「友論」之比較〉，筆者原以為此乃李贄（字卓吾，1527～1602）與利瑪竇兩人所撰之兩本《友論》的比較，但細讀其論文後，才知此論文是以利氏的《交友論》與李贄的「友誼」觀念做比較，再根據若干標準分析比較二人的「友論」觀念之差異；關於李贄之生平與利氏的關係，另於本碩士論文第五章第二節教外人士再行探討。大陸學者關明啟：〈利瑪竇的《交友論》及其對晚明社會的影響〉，主要闡述《交友論》內文的五大觀點——友誼的重要性、交友的態度、交友的必要性、朋友的判定、國家間也存在友誼，而後再提及《交友論》對晚明士大夫的影響；此論文可供筆者於本論文之《交友論》內容評析及與利瑪竇友好的明末士人等二個章節參考之用。

　　在台灣的學位論文方面，吳在環的博士論文《利瑪竇的儒學觀和朝鮮反教運動》，提供利瑪竇生平非常詳盡的記述；余施霖的碩士論文《李之藻《天學初函》之研究》，簡單清楚的陳述《交友論》的卷本、內容等資料，皆可作為本論文的取材參考。吳惠雯的碩士論文《晚明傳教士的中國意像——以社會生活的觀察為中心》，從傳教士的個人角度、第一手的材料來記述對晚明中國的意像，及因異文化造成的誤解，對傳教士眼裡的中國，有更進一步的

〔註11〕郝貴遠：〈從利瑪竇《交友論》說起〉《世界歷史》，1994 年第 5 期。

理解。韓玲玲的碩士論文《楊廷筠與中國天主教會》，對楊廷筠的生平及明末天主教傳入中國的時代背景，有詳盡清晰的記述。

在大陸的學位論文方面，陳登的博士論文《利瑪竇倫理思想研究——兼論利瑪竇對中西文化的會通》，對利瑪竇的交往倫理觀著墨甚多，在利瑪竇為人之道與交友之道方面，可供本論文參酌之用。李曉芳的碩士論文《明末耶穌會士在韶州的活動》，僅概要地介紹利瑪竇進入中國華南的情形，此論文有不少資料甚有疑義，筆者於撰寫論文而引用時，以按語特別指出問題所在。符金宇的碩士論文《利瑪竇中文譯著中文學重寫現象研究》，全文以英文著成，特別以《交友論》、《二十五言》及《天主實義》為代表，探討利瑪竇在中文譯著創作過程中，運用的文本處理方法，如譯著性質、異文化譯者的翻譯模式，有其特別的探討。

在原始文獻方面，利瑪竇及（比）金尼閣（Nicolas Trigault，1577～1628）著，何高濟等譯的《利瑪竇中國札記》，實提供了利瑪竇最為詳明的中國行紀錄，可說是利瑪竇在中國最為清楚、接近實情的第一手資料。羅漁先生翻譯的《利瑪竇書信集》，藉由利瑪竇寫明時間的信件文稿，可了解利瑪竇在中國所發生的所有大小事，並作為歷史事件時間點考證的最佳依據。綜合以上的兩岸專書、原始文獻，再配合查考地方志書，與參照《徐家匯藏書樓明清天主教文獻》，對於利瑪竇其人之交遊與《交友論》一書的討論，有更為全面的展現。

第二章　耶穌會士利瑪竇之生平及與華南士人之交遊

第一節　耶穌會士入華的時代背景

一、耶穌會簡史

利瑪竇等傳教士爲何從歐洲不遠千里來到東方傳教，應先了解其始末與動機。寫過多本天主教專書的大陸學者顧裕祿指出，「15～16世紀，傳教士到海外，是奉葡萄牙或西班牙的派遣。葡、西是歐洲第一批殖民主義國家，又是16世紀宗教改革運動後幾乎原封不動地保持著天主教會勢力的國家。這二個國家向海外開拓有著雙重推動力：既是進行殖民擴張，又是爲發展西方天主教會勢力。它們派遣傳教士，也是爲了達到這雙重目的。因此，不管傳教士的主觀動機怎樣，客觀上都有著這個背景」。〔註1〕

在利瑪竇進入中國以前，基本上，各國派來的傳教士都有著這二種目的來到東方。由於西方航海貿易與殖民的東進，不少傳教士也跟著把西方的宗教文化東傳，其中一些人有著靠軍隊打入中國以傳教的想法，甚至寫信給當時歐洲的君主與天主教上層人士，但一直就是進不了中國，只能到中國附近的幾個國家殖民或傳教。〔註2〕

〔註 1〕 顧裕祿：《中國天主教的過去和現在》（上海：上海社會科學出版社，1989年），頁4。

〔註 2〕 林仁川、徐曉望著：《明末清初中西文化衝突》（上海：華東師大出版社，1999年），頁34～44，葡、西二國籍貿易與傳教行殖民之實，向東方擴展。

　　而 16 世紀的宗教改革運動對歐洲天主教的羅馬教廷是一個嚴重的危機,西方基督教世界有半壁江山背離了舊教,或行將分離出去;這使得天主教產生了進一步向海外傳播、培植勢力、佔領地盤的願望和需要。16 世界的地理大發現及隨之而來的拓殖浪潮,近代貿易的崛起則為此提供了必要條件。「與此同時,我國明代社會的商品正處於蓬勃發展之中,物美價廉的中國商品引發了歐洲各國爭奪中國商品的競爭熱。」〔註 3〕在此背景下,西班牙貴族依納爵・羅耀拉(St. Ignatius Loyola,1491～1556)經過一段時間的醞釀,於 1537 年創辦了耶穌會(Jesuit Society),1540 年獲得教皇保羅三世(Alessandro Farnese,1468～1549)的批准正式成立,並命羅耀拉為第一任總會長。〔註 4〕其特點非常鮮明如下:

　　(一)做為羅馬教廷的耶穌連隊,設總會長為終身制,常駐羅馬;編制與訓練仿照軍隊,組織紀律極嚴,對教會與會長等上司的絕對服從及對天主堅定且純正的信仰。

　　(二)傳教方式的革新與突破。為了重振天主教教會,採取與以往修會不同的傳教方式:深入社會人民生活,上至宮廷貴族、達官政要,下至平民百姓,都要進行交往,竭力擴大羅馬天主教的影響力。〔註 5〕

　　「當時耶穌會並訂立絕財、絕色、絕意等三絕,而該會會士無專門會服,以便滲入社會各階層,同時該會亦倡導學術研究,強調的是文化傳教」〔註 6〕,與其他修會傳教士的傳教方法當然大異其趣,所獲得的成就令人吃驚不已!耶穌會與其他天主教的修會,皆隨著歐洲國家的拓殖熱潮,一波波地湧向東方來,尤其是要敲開神秘的東方文明大國—明末中國之門。

二、耶穌會士入華的浪潮

　　耶穌會的創辦人之一「聖方濟各・沙勿略」(St. Francois Xavier,1506～

〔註 3〕 高智瑜、林華:〈試論利瑪竇的漢化傾向〉,《新視野》,2000 年第 2 期,頁 59。

〔註 4〕 孫尚揚、鍾鳴旦:《一八四○年之前的中國基督教》(北京:學苑出版社,2004 年),頁 106。並可參照晏可佳:《中國天主教簡史》,頁 26,有更為詳明之補充說明。

〔註 5〕 孫尚揚、鍾鳴旦:《一八四○年之前的中國基督教》,頁 106～110,整理出耶穌會的二大特點。利瑪竇就是在宗教軍隊化,以服從上級、堅持傳教目的而手段靈活之方式,與各階層的明末人士為友,成就其能立足中國近三十年而不敗的關鍵。

〔註 6〕 晏可佳:《中國天主教簡史》,頁 55。

1552），他「是耶穌會創始人羅耀拉的好朋友，也是第一位來到東方的耶穌會士，是耶穌會進入東方傳教的開山鼻祖……。沙勿略首先在日本傳教（按：據顧衛民所著的《中國天主教編年史》頁56～57之說法，沙勿略先至印度果阿教區傳教，之後再轉去日本），他在日本試行後來被稱爲「適應政策」的作法，如：適應當地社會的風俗習慣，贈送禮品，積極同中國官員接觸（按：應是與日本官員接觸，是否爲筆誤。或是與駐日中國官員接觸以取得中國方面的消息、情資），科技傳教等等。沙勿略是第一個意識到『科學對於進入東方社會的重要的人』（按：應是用西方各種知識以進入中國，方能引起注意）」。〔註7〕沙勿略自1540年起從羅馬至葡京里斯本，再至印度果阿、日本傳教告一段落後，於1552年一月24日又回到印度，在同年一月29日致羅耀拉總會長的信，報告遠東的傳教情形，信中提及中國時談到：

> 中國幅員廣大，人民愛好和平，政治清明，全國統於一尊，臣民對皇上非常順服。中國和日本相距不遠，中國人民都很勤奮……重視倫理道德。……中國和日本所用的文字相同，日本人認識中國字的，但不能用中國話交談。……日本的各宗教派別都來自中國，中國是一個疆域廣大，國勢強盛的國家。〔註8〕

被耶穌會視爲聖人的沙勿略，是個經驗豐富的傳教士，他藉由於日本傳教的觀察心得，建構對中國了解的意像，很爲耶穌會所重視。同年四月7日致葡國耶穌會省會長勞特利蓋的信中，有云：

> 來遠東區傳教的人士，……應當具備下列兩項特長：首先，他們應當是一批富有經驗，不怕勞苦工作的標準會士；此外，他們還應當是一些學識淵博的人士。他們應當善於講道，能夠回答教外人和僧侶的許多質詢，不是用歐洲話，而是用日本話和中國話。〔註9〕

1552年四月中，沙勿略與幾位傳教士啓程前往中國，五月底抵馬六甲，八月底一行人登上廣東沿岸的上川島。直至同年十二月3日，在島上住了一百多天，他滿懷希望與熱忱將天主教帶到中國沿海但始終無法進入中國傳教，終在極度失望與疾病的折磨下，於上川島去世了；不過，他勇敢傳教的精神與

〔註7〕 李曉芳：《明末耶穌會士在韶州的活動》（廣州：暨南大學中國文化史籍研究所碩士論文，2003年），頁11。

〔註8〕 顧衛民：《中國天主教編年史》（上海：上海書店，2003年4月），頁58～59。

〔註9〕 同上註，頁58。

事蹟，卻激發起後繼者─眾多傳教士，用文化與友誼來征服這東方龐大帝國的勇氣與熱情。〔註 10〕在他逝世的三十年後，幾位傳教士，如：范禮安（Alexander Valignani,1539～1606）、羅明堅（Michael Ruggieri,1543～1607）與利瑪竇等，由葡萄牙人聚居的澳門立足，做好各項準備工作，陸續進入中國廣東一帶，也是沙勿略理念的具體實踐者和檢驗者。

　　從（法）費賴之（Louis Phister）著、馮承鈞譯的《在華耶穌會士列傳及書目》，記載范禮安的生平，說道：

> 范禮安，字立山，1538 年 12 月 20 日生，生於那不勒斯〔註 11〕Chieti
> 城的望族，十九歲獲巴杜（Padoue）大學法學博士學位。1566 年 5
> 月入耶穌會，兩年以後晉鐸。1573 年被任爲耶穌會遠東教務視察專
> 員，次年從里斯本前往印度，1578 年在前往日本期間在中國澳門逗
> 留，後從事日本開教工作。1606 年 1 月 20 日卒於澳門。〔註 12〕

范禮安實爲羅明堅與利瑪竇等耶穌會士的長官及前驅者，他於 1574 年率領 38 名會士從里斯本前往遠東。1577 年五月，羅馬的耶穌會總會長從羅馬遣往印度的傳教士共有四人，其中有利瑪竇與羅明堅。當范禮安在澳門期間得知與中國人打交道的人才幾乎沒有，故特別在動身去日本前寫信給上級，要求至少派一位能擔此任的會士前來，並留下書面指示將來怎樣於中國傳教。羅明堅即在此時被選來擔任此職務，他於 1579 年到達澳門，馬上按范禮安的規劃作準備工作，並立刻學習中國語言，並要會讀寫中國的文字。〔註 13〕《在華耶穌會士列傳及書目》記載羅明堅的生平，說道：

> 羅明堅，字復初。1543 年生於那不勒斯的威尼斯主教區 Spinazzola
> 城，獲兩種法學博士學位，二十九歲時辭去朝中公職，入耶穌會。

〔註 10〕請參照王曉朝：《基督教與帝國文化》（北京：東方出版社，1997 年），頁 123，說明爲何沙勿略會成爲天主教中國傳教史的聖人地位，在於其不怕艱難險阻、不屈不撓、死而後已的大無畏精神，值得所有傳教士學習。

〔註 11〕那不勒斯是南義大利最大的城市，位於浮散著卡布里、依斯基亞等島嶼的那不勒斯灣中央。

〔註 12〕（法）費賴之著，馮承鈞譯：《在華耶穌會士列傳及書目》（北京：中華書局，1995 年 11 月），頁 20～22 摘錄。

〔註 13〕有關范禮安與羅明堅來華傳教的記述，詳見利瑪竇及（比）金尼閣著，何高濟等譯：《利瑪竇中國札記》（桂林：廣西師大出版社，2001 年 9 月），頁 97～102。

1578 年與同會會士抵果阿，次年抵澳門，1582 年 12 月在中國肇慶建立耶穌會第一所會院。……教會準備派羅明堅回歐洲敦請教宗派使覲見中國朝廷，羅氏於 1588 年從澳門啓程，次年回到里斯本，晉見葡王菲律蒲二世，時適逢四位教宗相繼去世，羅氏的使命被推遲，積勞成疾，退至薩萊納（Salerne），1607 年去世。〔註14〕

在方豪的一本專著《中國天主教史人物傳》，補充道羅明堅的重要性：

一、他是外國教士中首先到内地居住的。萬曆八年（1580）他便到了廣州。……羅神父第二件值得我們一提的是，便是他是首先以漢字漢文撰寫天主教教義書。這部書名爲《天主聖教實錄》，……又有〈萬曆甲申歲秋八月望後三日遠西羅明堅撰〉的引，那是萬曆十二年，還在他紹興前一年，大約是在肇慶撰寫的。〔註15〕

利瑪竇是在羅明堅的引領下才進入廣東的，故對利氏於中國初期的學習與適應，影響甚鉅。羅氏比較早習漢字也早接觸中國，故能試著用漢字寫書；《天主聖教實錄》這本由羅明堅在肇慶完成的漢字書籍，對利瑪竇而言，實爲一個刺激與啓示，且藉由此書的流傳，讓利氏知道著書立言的影響力，故而於十一年之後，他試著在南昌完成他的第一部漢字書籍—《交友論》。

而後最特別是利瑪竇，「以其超人的悟性，通過對中國歷史文化的深入學習和研究，並經過語言、文字、思維、生活方式、人際交往等諸多方面的轉變與適應。東西方異質文化在利瑪竇身體裡相互交流，使其不自覺地把自身的中國化改造和自我適應放在首位」。〔註16〕范禮安一生從未踏入中國本土，最多只在日本、澳門等地發號施令，指揮中國區的教務工作，生前雖曾想入北京視察利瑪竇教務的經營情形，但未能如願即過世；羅明堅雖與利氏一同進入中國華南，但他最多也只去了杭州、桂林一趟，實際待在中國內陸才五年即回歐洲，僅留下利瑪竇於中國獨當一面。然而利瑪竇一走進中國文化的大門，就被博大精深的民族文化與各地好友、儒士的友誼所打動，並受到眾人的矚目與尊崇，此後他從沒離開過這個文明古國，逝世後長眠於中國北京了。

〔註14〕（法）費賴之著，馮承鈞譯：《在華耶穌會士列傳及書目》，頁 23～29 摘錄。

〔註15〕方豪：《中國天主教史人物傳》（香港：公教眞理學會編輯，1967 年 4 月），頁 66。

〔註16〕高智瑜、林華：〈試論利瑪竇的漢化傾向〉，頁 60。

第二節　利瑪竇之生平

一、利瑪竇入華前之概述

利瑪竇生於 1552 年十月 6 日，義大利瑪爾柴區（Marche）的瑪塞拉塔市（Macerata）﹝註17﹞，其家族是該地的望族，其父曾在教皇國擔任行政長官，其母也是位虔誠的天主教徒，利瑪竇是長子，下有七個弟弟及四個妹妹。幼年時期，利瑪竇便開始學習西方哲學家有關倫理與科學的書籍，九歲時，耶穌會便在城裡建了學校，利瑪竇是最早入學的學生之一。他在人文科學和文學課程方面成績優異。16 歲中學畢業後到羅馬大學攻讀法律，於羅馬認識了耶穌會總會的神父們，並在他們影響下於 1569 年加入該會在羅馬的組織——聖母會，1572 年進入耶穌會創辦的羅馬學院。

在羅馬求學期間，他精於西方的數學與地理，故頗能繪製地球全圖；並深受基督教文化的薰陶及沙勿略在遠東的傳教事蹟，深深打動了利瑪竇的心；而沙勿略指出耶穌會中國化的方向，卻為利瑪竇後來的成功開啟了道路。1578 年三月，他與羅明堅等 14 人乘船東渡，九月到達印度果阿，並於隔年於印度果阿教區教授拉丁文與希臘文，且曾在交趾支那教書。﹝註18﹞

「利瑪竇之所以來華是遠東視察員范禮安給了他這次機會，1582 年，為了能在中國開拓傳教新局面，范禮安決定抽調利瑪竇往中國的澳門傳教」。﹝註19﹞其實 1578 年，時任耶穌總會遠東教務視察專員的義大利人范禮安，在早年是利瑪竇家鄉瑪塞拉塔市的耶穌會學院的院長，可能也因為這一層同國且有同校師生的關係，范禮安特別圈選利瑪竇到全新且富有挑戰性的中國來傳教、奮鬥。﹝註20﹞徐光啟的後人徐宗澤先生，於其專著中寫道，耶穌會士藉由葡萄牙商人通商之便，以進入中國的情形：

﹝註17﹞ 依據張奉箴：《利瑪竇簡略年譜》（南市：聞道出版社，1982 年），頁 1，但在資料來源：

http：//www-groups.dcs.st-and.ac.uk/-history/Mathematicians/Ricci_Matteo.html 利氏的出生地卻為 Macerata，Papal States（now Italy），與張奉箴寫之區或州略為不同，但可附加在一起做參考。

﹝註18﹞ 詳見鄒振環：〈利瑪竇《交友論》的譯刊與傳播〉，頁 49～50。

﹝註19﹞ 李曉芳：《明末耶穌會士在韶州的活動》，頁 16～17。

﹝註20﹞ 對西方人來說中文比較難學，是故選調神父前往中國，必須從傳教經驗、各種基本學識、多種語言能力，以及年紀較輕者優先考量，因為年歲過高學習新的事物較慢，1582 年時利瑪竇剛滿 30 歲，而羅明堅已 39 歲了。

當時中國海禁嚴屬，不准外國人居留境內，只准在一定時期，每年在廣州通商二次；夜間又不准居留海岸，須回至商輪；至 1578 年葡國商人，已得到中國官廳之允准，春秋二季，滿載印度及日本之貨物，至廣州，交換中國商品。1581 年春，羅明堅乃同葡國商輪至廣州，又得到中國官府之特別允准，可以居留海岸……1582 年，廣東新制台馬文峰貪墨為心，察知與澳門葡人通商有厚利可獲，因許因許葡國官廳遣使臣至廣東，商榷通商事務，羅明堅乘此良機，亦與葡使同往……1583 年七八月間，同利瑪竇又至廣州。利瑪竇於 1578 年到印度，1582 年到澳門，攻讀中文，對中國文字已有初步之知識。〔註21〕

明萬曆時的中國，在武力上還是相當強盛的，歐洲各國的商人及傳教士都想進入；有位傳教士甚至多次大聲疾呼，若無軍隊來協助傳教士，便無法勸化任何中國人。但遭到利瑪竇等人的反對。利瑪竇認為，「到中國傳教，決不是強大的艦隊，聲勢浩大的軍隊，或是其他人類武力所能奏效的。傳道必是獲華人的尊敬，最善之法，莫若漸以學術收攬人心，人心即附，信仰必定隨之」。〔註22〕觀念決定人的行為，利氏決定以學術來收攬人心，再配以交友為輔，故創造了明末中西文化交流的新契機。

明萬曆十年（1582）四月 15 日，在印度果阿教區的利瑪竇接奉命令，前往澳門宣教。八月 7 日，利瑪竇抵達澳門。「是年（1582），兩廣總督陳瑞行文香山澳制台馬文峰，傳令澳門主教薩來約（Leomardo Saa）和澳門葡萄牙長官滿多薩（Airez Gonzalez Mendoza）來省城肇慶議事。澳門主教決定派羅明堅代表前往。十二月 18 日，羅明堅及修士二人、中國奉教青年若干，啟程前往廣東肇慶，27 日抵達當地，獲得兩廣總督陳瑞允許，住肇慶東關天寧寺，是為中國內地第一所耶穌會會院。」〔註23〕羅明堅於 1582 年年底獲准在廣東肇慶設寺院，做為第一個中國大陸耶穌會的會院，代表的意義格外重大。

〔註21〕徐宗澤：《中國天主教傳教史概論》載於《民國叢書》第二編，（上海：上海書店，1989 年），哲學宗教類，冊 11，頁 170～171。

〔註22〕（法）費賴之著，馮承鈞譯：《在華耶穌會士列傳及書目》，頁 32。

〔註23〕顧衛民：《中國天主教編年史》，頁 79，這段也說明了兩廣總督了解到澳門與廣東的關係密切，商務往來與宗教文化之接觸在所難免，直接找葡萄牙人及天主教主管來溝通，可能是比防堵更為實際，可看出地方首長通常較中央政府更為靈活且務實。

　　利瑪竇到澳門後，就努力從學習翻譯和研究中國的文字，了解中國的風土民情及歷史文化背景。在他 1583 年二月 13 日寄給巴都阿德・富爾納里神父的信可看出他學習的情形：

> 我立刻學中文，您要知道中國語文較希臘文和德文都難；在發音上有很多同音而義異的字，許多話有近千個意義，除掉無數的發音外，尚有平上去入四聲；在中國人之間，有時還須藉筆寫以表達他們的思想，但文字在他們之間並無分別。不過中國文字的構造實難以形容，除非親眼見、親手去寫，就如同我們今天學的，真不知如何說起……和羅明堅神父在一起，對中國語言與文學，我們必須進一步研究。中國之大天下無敵，且土地非常肥沃……在家中不苟言笑，不隨便同外人講話，除非在公共場所如一座大廈，有很長的走廊，有些類似我們的聖堂，他們稱之為衙門。〔註24〕

從 1583 年二月利瑪竇在澳門寄出的信件內容來看，他至少已學幾個月的中文，且僅僅從側面了解中國的地大物博及人民生活言談等習性就有一定的認知，可見利瑪竇對語言與人性的觀察有相當的敏銳度。

二、利瑪竇入華後之概述

　　1583 年四月，舊的兩廣總督去職，羅即退回澳門。「夏季，兩廣新總督郭應聘（字君賓，1529～1586）到任，香山縣知縣批准羅明堅來香山復驗「路照」，羅明堅偕利氏同往香山。當地及廣州的官員命羅氏和利氏仍回澳門。不久，肇慶知府王泮（字宗魯，1539～?）又差人命兩位神父返回肇慶，在一澳門葡商威加（Gaspar Viegas）的資助下，羅明堅和利瑪竇於九月 10 日抵達廣東肇慶。」〔註25〕從此看出耶穌會士初入中國，對於官僚體系的反覆無常與中國傳統人治的困擾，有著深沉的無奈與不確定感。

〔註24〕利瑪竇著，羅漁譯：《利瑪竇書信集》（台北：光啟社；台北縣：輔大出版社，1986 年），頁 31～32，從這二段話可看出利瑪竇用心學習中文的情形，甚至發現有時學的「官話」國語不見得通行的了所有中國人，可能是不同的方言，只能用寫字來溝通。此時的他並未真的進入內地，都是由從內地回來的傳教士與商人口述及詢問翻譯人員所得。而對於中國人不苟言笑的特性也有所了解，甚至「衙門」一詞也有所領悟，官僚的情形想必蠻普遍的。利瑪竇用心的學習並了解中國人的語言及性格，從一開始接觸中國文化時便能溶入，才能用中國人的思維與中國人為友。

〔註25〕顧衛民：《中國天主教編年史》，頁 79。

　　1583 年九月，羅明堅帶著利瑪竇前往肇慶，利瑪竇的中國內地活動才正式開始。當時的兩廣總督駐節在肇慶城內。羅及利居住在城東西江邊的空地上。月中，知府王泮召見二人，告知總督已准予擇地建堂。年終，羅返回澳門以籌措建堂之費用。二人即開始準備興建教堂與住院。肇慶的開教，實為奠定明清天主教傳華的基業。

　　鑑於 1582 年總督陳瑞准他們住肇慶，籌設寺院至隔年教堂竣工啟用，為了適應中國的社會風俗，利瑪竇等傳教士削髮、著和尚的衣服，就如同西方來的僧侶。在肇慶期間，他邀請賓客觀看他繪製的《山海輿地圖》及地球儀、日晷等，令當地人士驚訝不已。1589 年利瑪竇被迫移居韶州，特別延請老師講授《四書》，且於 1594 年將此書譯為拉丁文並寄回歐洲，實為中西文化交流開了新的一頁，這也是《四書》最早的外文譯本，可見此時利瑪竇已能基本讀通中西語文了。

　　他在移居廣東內地 10 年後，深感中國僧人的地位遠不及儒士，即聽從朋友的建議，棄僧服、穿儒服，並於 1594 年獲得范禮安的同意，改稱道人，留長髮、蓄鬍，謁見官吏時著絲綢服並乘坐轎子。隔年，自韶州北上赴南京，但因日本朝鮮的戰事，而友人怕被牽連而請他離南京、往江西，同年六月抵達南昌。〔註26〕

　　南昌乃文風鼎盛的城市，他經友人介紹而開始結交儒士、官員與皇族，談論天文、地理、倫理等，並在眾人面前展示其中文能力與西國快速記憶法，聲名立即遠播。城內二位皇族建安王朱多㸅（?～1601）、樂安王朱多㸺（?～?）亦曾多次邀請他前往作客，在建安王的詢問西方交友觀的請求下，利瑪竇初試身手譯撰一書《交友論》，蒐羅了西方交友哲學的資料，按條列式的寫法，用淺顯易懂的漢語說明西方之交友觀與論點。藉由此書的不斷刊刻與收入多本叢書，利瑪竇的第一本漢字著作，更打響了他西儒的知名度，且讓明末士人以為，他不畏千里而來，實是為了與他們交友，而非僅為了傳教。

　　1597 年，利瑪竇受任為耶穌會中華省省長，且范禮安決定，命他以北京為永久駐在地。隔年年中，他自南昌啟程經南京去北京，但又因日朝戰事不得留住北京，旋即返回南京，如此情形連續二次，於 1599 年初第三次到南京後即定居下來，並與李贄、徐光啟（1561～1633）等名流交往，名聲益盛。

─────────────

〔註26〕請參閱徐宗澤：《中國天主教傳教史概論》，頁 173～176，由肇慶至南昌的記述。

1600年五月，利瑪竇與龐迪我（Diego de Pantoja,1571～1618）與華人數名啟程以進貢萬曆帝的名義再赴北京，但卻在山東臨清被貪圖貢品的稅監太監馬堂所軟禁，差點為其所殺，幸萬曆帝想起有西洋人要進貢奇物，而終於在1601年一月（萬曆二十八年十二月）獲准進入北京。利瑪竇進京前還特別在北上途中，經過山東濟寧時，由李贄及其任漕運總督的至交劉東星（字子明、號晉川，1538～1601）代寫改定，寫了《上大明皇帝貢獻土物奏》給萬曆帝，此文措辭謙恭又中規中矩的呈獻貢物公文，利瑪竇以「大西洋陪臣」的名義獻給明神宗禮品的題本，以題本表示利瑪竇具有使臣之身份。〔註27〕其內容曰：

> 大西洋陪臣利瑪竇謹奏，為貢獻土物事：臣本國極遠，從來貢獻所不通，邇聞天朝聲教文物，竊語霑被其餘，終生為氓，庶不虛生；用是辭離本國，航海而來，時歷三年，路經八萬餘里，始達廣東。蓋緣音譯未通，有如喑啞，因僦居學習語言文字，淹留肇慶、韶州兩府十五年；頗知中國古先聖人之學，於凡經籍，亦略誦，粗得其旨。乃復越嶺，由江西至南京，又淹留五年。伏念堂堂天朝，方且招徠四夷，遂奮志徑趨闕廷。
>
> 臣謹以原攜本國土物，所有天帝圖像一幅，天帝母圖像二幅，天帝經一本，珍珠鑲嵌十字架一座，報時自鳴鐘二架，《萬國輿圖》一冊，西琴一張等物，陳獻御前。此雖不足為珍，然至極西貢至，差覺異耳，且稍寓野人芹曝之私。……萬曆二十八年十二月二十四日具題。
>
> 〔註28〕

利瑪竇進貢之時，已近五十歲了，且到中國近二十年，勢必要清楚交代為何遲遲不來進貢之緣故。因沒有官方進貢的隊伍與公文，故需以「大西洋陪臣」之名，想藉進貢直接與皇帝接觸，實現在北京傳教之終極目的，殊不知當時明廷只知歐洲有二個國家，其一是葡萄牙，稱之為「西洋國」。後來又因為國名與朝貢的動機被明廷懷疑，使他們進入北京後並非一帆風順，先是被軟禁在四夷館，幸有多人上疏為其聲援、辯護，於五月才被放出重獲自由。《明實錄》如此記載：

〔註27〕同上註，頁176～178，離南昌至北京的情形。

〔註28〕利瑪竇著，朱維錚主編：《利瑪竇中文著譯集》（上海：復旦大學出版社，2001年12月），頁282。

> 萬曆二十九年二月庚午朔，天津河御用監少監馬堂，解進大西洋利
> 瑪竇進貢土物並行李，禮部會典止有西洋國及西洋鎖里國，而無大
> 西洋，其真偽不可知，又寄住二十年方行進貢，則與遠方慕義特來
> 獻者不同……不宜令入宮禁者……但查各夷必有回賜貢使，必有宴
> 賞利瑪竇以久住之。夷自行貢獻，雖從無此例，而其跋涉之勞，芹
> 曝之念，似宜加賞齎以慰遠人。乞比照暹羅國存留廣東有進貢者賞
> 例，仍量給所進行李價值，並照例給與利瑪竇冠帶回還，勿令潛往
> 兩京，與內監交往，以致別生枝節。〔註29〕

原本明廷似不願利瑪竇在兩京長住與內監交往，怕生事端，但他最後不僅獲
得在北京長期居留的許可，而且還能享受朝廷給予的俸祿，他雖終其一生並
未見到皇帝，但至少能在北京自由地居住與交往友朋。他進貢的物品深受皇
帝嘉許，也進一步擴大利瑪竇的聲譽與影響力，素有「西來孔子」美譽之稱
的艾儒略（Jul. Aleni，1582～1649）寫道：

> 萬曆二十八年庚子，遂與同會龐子順陽（譚迪我）者，以禮科文引
> 躬詣闕廷，貢獻方物，稍効芹曝之私。利子始偕伴八人同人燕都，
> 獻天主神像、聖母聖像、天主經典、自鳴鐘大小二具、鐵絃琴、萬
> 國圖等物。皇上欣念遠來，召見使殿，垂簾以觀，命內官習學西琴，
> 問西來曲意……于時欽賜官職，設饌三朝宴勞，利子等固辭榮爵，
> 受廩餼。〔註30〕

第三節　與華南士人之交遊

一、利瑪竇在華南之活動困境

　　他們發現在中國展教必須得到官員的支持，所以首先要讓官員們喜歡、
認同他們。〔註31〕而為了不讓中國人懷疑一個新的宗教，公開場合不談論宗
教的事，在空暇時間，努力研習中國語言鄉、書法及人們的風俗習慣。同時

〔註29〕董倫等著，黃彰健校勘：《明實錄》（台北：中央研究院歷史語言研究所，
　　　　1984 年），冊 12，《明神宗實錄》（中），卷 356，頁 6647～6648。

〔註30〕艾儒略：《大西西泰利先生行蹟》載於《耶穌會羅馬檔案館明清天主教文
　　　　獻》（台北：利氏學社，2002 年），冊 12，頁 211。

〔註31〕請參考利瑪竇及（比）金尼閣著，何高濟等譯：《利瑪竇中國札記》，頁
　　　　109～116，他們同兩廣總督郭應聘及肇慶知府王泮多有接觸，甚至過節時
　　　　送禮打點、相互參訪，使傳教不受政治力之阻礙。

為了入境隨俗，從他們進入內地就開始穿著中國的普通外衣，有點像他們自己的道袍，長達長跟，袖子肥大，中國人很喜歡穿。〔註32〕

而他們佈道後第一個公開信仰天主教的人，是位得了不治之症的下階層百姓。他被拋到大路上，利瑪竇抱持耶穌會貧富不拘的教規之友誼信念為他清洗身體，帶他回住所並表示，雖然身體已無望，但靈魂可得解脫，在與之講天主教基本真理後，為他受洗，成為此大帝國第一位受洗者。由此看出，他們的友誼無分貴賤，真的由最基層的社會份子來傳教。〔註33〕

1589 年他們在「肇慶的教堂為中國官員所佔據，乃往韶州傳教，因禍得福地遇見縉紳出身的瞿汝夔（字太素，1549～1612），得知中國士紳素來輕視和尚，因而在瞿勸導下改穿儒服，自稱西儒」〔註34〕，也受瞿氏所拜為師，傳授他以天文、數學和科技等。這是利瑪竇結交第一個較穩定而且有一定身份的友人。在《利瑪竇中國札記》中，利瑪竇稱這位公子是個學習的天才，且花大量時間於基督教義。

台灣學者黃一農先生指出，「瞿氏是禮部尚書瞿景淳的兒子，資質聰明，幼讀群書但不求功名，在其父過世後，更交結敗類，沾染種種惡習，以致其父遺產均用盡，窮困潦倒的瞿氏，被迫攜妻帶僕離鄉背井，靠著父親在官場中的舊關係，到處招搖斂財」。〔註35〕雖然當時瞿氏家道已有些中落，非當道之士大夫，但在利瑪竇看來，已是他能在中國傳教的重要友人及支柱了。對利瑪竇來說，瞿氏對他的支持，可有二項意義：「第一，可為傳教士在中國活

〔註32〕 請參照蔣玉峰等著：〈試論傳教士在西學東漸的作用〉，《河南大學學報》（社科版），35 卷 6 期，（1995 年 6 月），頁 53～54。他們於華南活動時就逐步了解中國國情，並適時做些修正。本來身著和尚的衣服，但有人勸他們中國人並不欣賞這種服裝，此後他們換上普通中國人的衣服；但有鑑於中國人由服飾看人的身份地位，「人要衣裝，佛要金裝」，故最後他們改著儒者的衣裳，因中國人對讀書人的儒者形象普遍有好感。筆者認為，或許利瑪竇逐漸了解到中國人「學而優則仕」的觀念，著儒服學作一位儒者，才能使官員與平民皆愛與之為伍。

〔註33〕 高智瑜策劃主編：《歷史遺痕》（北京：中國人民大學出版社，1994 年），頁 3～5，利瑪竇對貧賤的人也給予救助，讓時人深感敬佩，這些努力，大大縮小了他們與當地人的距離，聲名因此逐漸打開。

〔註34〕 吳在環：《利瑪竇的儒學觀和朝鮮反教運動》（台北：台灣師大歷史研究所博士論文，1991 年），頁 15。

〔註35〕 黃一農：〈「e～考據時代」的中國天主教史研究：以瞿太素及其家難為例〉，《中外交流史研究的新方向——以基督宗教為中心研討會集》，（台北：台大東亞文明中心，2005 年 7 月），頁 1。

動，尋求些官方支持，畢竟他的家庭曾為中國仕宦高層。第二，中國知識份子在鄉土中國的道德、宗教生活中，示範作用極大，爭取一名知識份子的友人加入，對周圍的百姓有很大的帶頭作用」。〔註36〕

　　在瞿汝夔的建議與協助下，利瑪竇開始蓄髮稱儒，一反先前所受地方百姓的排擠，廣泛地試著與韶州、南雄、南昌和南京的名士交接。瞿氏利用自己的人脈，為利瑪竇介紹如建安王朱多㸒、理學名儒章潢（字本清，1527～1608）等的接見，其名聲快速地被傳播開來。

　　在華南的十多年間（1583年8月入肇慶～1595年4月離開韶州），利瑪竇認清了，僅是靠饋贈禮品，巴結討好幾年一任、在輪調制度下上任的地方官，顯得不夠可靠且非長遠之計，唯有結識中央要員，把目標放在北京，甚至向明萬曆皇帝宣教，才是使天主教根留中國最佳政策。再者，在華南學習中國文化多年，他發現要使明末士人與上流社會注意到他，唯有著書立言，透過文字的傳播、書籍的刊刻流傳，把他的思想與名聲散播到中國的每個角落，他看準了中國人愛好讀書、藏書與刻印書籍，能擴大他的影響力，進而結識更多上層社會的人，使他的終極目標—在中國交友與宣教成為可能。

二、利瑪竇在華南的交友情形

　　利氏在華南時期，對中國的風土人情及官僚體制尚未熟悉，是故，先期交友之目的僅為了能安生立命於華南，不被驅逐出中國為最先考量。利瑪竇於華南的肇慶、韶州，甚至短暫停留的南雄等地，所結交的地方官員或即將上任的中央級官員，例如與「一些政界、學界的人士進行交往。如利瑪竇在肇慶時，就與制台福建莆田人郭應聘時有交遊，其他如知府浙江紹興人王泮、總督江南靈璧人劉繼文（字永謨，?～1592）等，都與利瑪竇有一定的聯繫，關係很好；在南雄時，利瑪竇又與知府王應麟相識」。〔註37〕

　　但是，以上這些藉由交際相識的官方友人，對利氏而言，可能主要目的是利其在華傳教，而結交的友朋。若要說影響他往後於中國傳教與擴大其交友圈的友人，首推瞿太素。台灣學者陳寶良先生，對於瞿太素有一清楚的記述：

〔註36〕張奉箴：《利瑪竇簡略年譜》，頁116，利瑪竇注意到，多獲得一名上階層人士的友誼與力挺，對往後的傳教工作助力極大，也認清了士大夫及知識份子在中國的影響力甚大於下階層人士。

〔註37〕陳寶良：《上帝的使徒～明末清初的耶穌會士》（台北：萬卷樓圖書公司，2001年1月），頁115～116。王應麟的生平，請參見本論文，頁25。

江蘇常熟瞿氏是明代的望族，著名的鐵琴銅劍樓即瞿氏所有（按：
應指瞿氏家族所建，而不是指瞿太素）。在教會史上，瞿氏很有名，
瞿太素就是這一望族中的一員。瞿太素，名汝夔，江蘇常熟人。他
本是一個宦家子弟，家裡的財產也很多。但他在年輕時就擺脫了孝
道的約束，父親死後，他結交敗類，成為一個名副其實的敗家子，
對煉金術很感興趣，最後淪於貧困。……當他聽說神父在韶州時，
就去拜訪他們，請求利瑪竇收他當學生。結識利瑪竇以後，瞿太素
放棄了煉金術這種興趣，專心於嚴肅而高尚的科學研究，……直到
他五十六歲時，即萬曆三十三年（1605 年），才在羅如望（Joannes da
Rocha,1565～1623）神父手中領了洗，取聖名叫依納爵。領洗後兩
年，即萬曆三十五年（1607 年），他的長子式穀也領了洗，取聖名
叫瑪竇，以此紀念利瑪竇。瞿太素跟從利瑪竇學習數學兩年，成就
必定很可觀，可惜沒有著作流傳下來。不過,他在萬曆二十七年（1599
年）正月，曾為利瑪竇的《交友論》作過一篇序文，自署「友人瞿
汝夔序」。〔註38〕

陳寶良在文中並未提到利瑪竇聽瞿氏之勸而換著儒服，改以儒者身份，藉由
瞿氏之上層社會人脈廣交友朋這一段史實。整個來說，瞿太素可說是利瑪竇
在華南結交最為重要的朋友，影響利氏也最鉅。而大陸學者張國剛對利氏華
南交友的看法如下：

羅明堅與利瑪竇能在肇慶定居，得益於肇慶官府要人的多相往來，
也正是耶穌會結交上層人士這一路線的顯著成果，後來還獲准在韶
州再開闢一處所。……無論在肇慶還是韶州，利瑪竇的處所都成為
當地文人關注的中心，常有人來訪，參觀他的科學書籍和儀器，並
感受一名外國人說中國話的新奇。在韶州期間結識的瞿汝夔對利瑪
竇明確結交士人這一方針有關鍵性作用。〔註39〕

現代台灣學者、曾於紐約福敦大學耶穌會院任教的張奉箴教授於其專著中，
談到：

范禮安、羅明堅與利瑪竇並以後的耶穌會絕大多數傳教士，深深體
味到，要想順利地在華從事傳教工作，應當認清目標，策定步驟，

〔註38〕 同上註，頁 129～130。
〔註39〕 張國剛：《從中西初識到禮儀之爭——明清傳教士與中西文化交流》（北
京：人民出版社，2003 年），頁 366。

珍視偉大且悠久的中華文化，特別是儒學；適應中國高等的禮俗和
細緻心理……。西洋傳教士來到中國先應當精通中國語文，熟諳中
華禮俗，尊重中國固有思想。在生活、衣著和交接往來上，應當本
地化，具有中國人的心腸，努力和高級領導階層並學者，打成一片。
這些耶穌會士確信：如果中國的上層階級皈依基督，整個社會，都
要受到影響，因此傳教士應當設法和地方長官、學者並士紳建立友
誼，獲得他們的敬仰與信任。〔註40〕

利瑪竇於華南的十二年間，歷經初學中文的痛苦期，再經一連串與地方官員
的交涉、協商，進而了解明末的社會風氣與官僚文化，深刻體會多吸收一個
像瞿太素的上層官宦人士，藉由其人脈的轉介相識，再輔以自己深厚的東西
方學術能力，如此拓展交友圈的速度，遠比自己單槍匹馬賄賂地方官以交友，
來得快且可靠。正因為瞿氏的協助，利瑪竇順利從長江流域的南昌，開啓了
他更為廣闊的交友圈。

〔註40〕張奉箴：《利瑪竇在中國》（台南：聞道出版社，1983 年 12 月），第二章
　　　　利瑪竇的前驅，頁 3。

第三章 《交友論》析論（上）

第一節 《交友論》形成之時空背景

　　《交友論》之所以成書，就必須探就其形成之背景，分別爲西方友誼觀的背景、利瑪竇於中國的交遊認知背景、建安王的請求等三個部份，茲分別探討如下。

一、西方友誼觀的背景

　　利瑪竇曾受過耶穌會神學院完整的養成教育，對當時西歐之友誼的倫理觀，必有一基礎之認識。而利瑪竇《交友論》條文之來源，「多數內容譯自萊申特（Andre de Resende,1498～1573）的拉丁本《金言與示範故事集》（Sententiae et exempla）」〔註1〕之「De Amacitia」部份。而古羅馬傑出的思想家西塞羅（Marcus Tullius Cicero,106～43 BCE）最著名的二篇文章爲《論老年》、《論友誼》（此即 De Amacitia），依梁實秋（學名梁治華，1903～1987）先生爲西塞羅之作品做的分類，《論友誼》屬於哲學作品中的「倫理學類」

〔註1〕 李奭學：《中國晚明與歐洲文學～明末耶穌會古典型證道故事考詮》，頁149。拉丁文「Sententiae et exempla」翻成英文是「Sentences and examples」，即格言與範例。而本註腳後接之「De Amacitia」，翻成英文是「On friendship」，即《交友論》一書的英文名或論交友的意思。因利瑪竇將萊申特於1590年在歐洲完成之《金言與示範故事集》託人由船隻運到澳門，再輾轉經陸路帶至南昌，以當時不甚發達之船運需花上約三四年，是故利瑪竇的《交友論》可能是這四百多年來，第一個「搶譯」的著作。感謝李奭學教授於口試時詳明之中、英、拉丁文翻譯及相關解説。

之一本。「《論友誼》一文約作於紀元前 44 年之秋，確期已不可考」。〔註2〕
此書分爲 27 個小節，以眞實歷史人物，闡述西歐早期先哲友誼觀及事蹟、
言論。「篇中引用柏拉圖、亞里士多德的思想之處甚多，又據說西塞羅爲寫
此文時，所最借重的是提歐佛拉斯特斯的一部，共有三卷論友誼的文章。惜
該文現已失傳，無論如何，西塞羅《論友誼》之詳盡透徹，是古今所沒有能
比擬的了」。〔註3〕在西塞羅的《論友誼》一書中，有很多經典名句，茲舉例
如下：

> 我所能做到的，只是教你們知道友誼是人生最要緊的一件事；因爲
> 人無論在處順境或逆境的時候，友誼是最合於人性的，最有幫助的。
> 〔註4〕（第 5 小節）
>
> 一個眞正朋友，就等於是自己的一種影子。所以朋友不在面前，也
> 等於是在面前；雖然窮，也等於是富；雖然弱，也等於是強。〔註5〕
> （第 7 小節）
>
> 友誼是靠美德而結合的……我又以爲那些錯認功利爲友誼基礎的
> 人，實在是遺棄了友誼的最可寶貴的一部份。〔註6〕（第 14 小節）
>
> 我們討論友誼，……通常有三種見解，但是我都不以爲然：第一，「我
> 們要愛朋友如愛自己一般」；第二，「我們要愛朋友如朋友愛我們一
> 般」；第三，「我們對待朋友要像朋友對待自己一般」。這三種見解我
> 全不贊成。〔註7〕（第 16 小節）
>
> 我們需要友誼不變，其基礎必在於忠誠。〔註8〕（第 18 小節）
>
> 談平常人的友誼—絕交往往不幸，是不可免的。……假如性情或嗜
> 好稍有改變，或政見不同時，便該分外謹慎，否則不但顯著傷了友
> 誼，並且產生了仇恨。〔註9〕（第 21 小節）
>
> 「逢迎可以結友，直言可以賈怨」……所以拒納直言而爲逢迎所害，

〔註2〕 梁實秋：《西塞羅文錄》（上海：商務印書館，1947 年 3 月三版），頁 1，《論
友誼》之譯者序。
〔註3〕 同上註，頁 1～2。
〔註4〕 同上註，頁 13。
〔註5〕 同上註，頁 18。
〔註6〕 同上註，頁 36。
〔註7〕 同上註，頁 40～41。西塞羅逐條說明他爲何不贊成此三點的原因。
〔註8〕 同上註，頁 44。
〔註9〕 同上註，頁 49。

是最大的錯誤。〔註10〕（第 24 小節）

所以直的友誼是能給勸告，能受勸告的。〔註11〕（第 25 小節）

沒有美德便沒有友誼，並且要記住，除了美德之外，沒有比友誼更好的事了。〔註12〕（第 27 小節）

而亞里士多德（Aristotle,384～322BCE）亦著有《倫理學》一書，其第一部份《尼各馬科倫理學》之第八卷起，談到友愛及友誼，由《交友論》條文可知，此書亦為利氏擷取之所出。《尼各馬科倫理學》是「亞公全部倫理學著作中最完整的。它的結構嚴謹，安排整齊，全書十卷探索了倫理和理智的兩種德性，討論了幸福和至善的最高範疇」。〔註13〕於此書序言亦提及，「友愛的基礎在於共同性，而理想的共同性莫過於相互同一，你中有我，我中有你，所以思辨哲學把友愛昇華為對自身的愛」。〔註14〕而在亞里士多德的《尼各馬科倫理學》裡，亦有甚多友誼與友愛之格言，舉例如下：

友愛，它就是某種德性，或者是賦有德性：或者說是生活所最為必須的東西。〔註15〕

友愛把城邦聯繫起來，與公正相比，立法者更重視友愛。〔註16〕

友愛分為三類，……以實用為目的的友誼多見於老年人中……青年們的友愛似乎是因快樂而存在的……善良者的友愛是完滿的。〔註17〕

善意可以是尚未起作用的友誼，如若繼續下去增加接觸，也就變成為友愛了。〔註18〕

對於那些為快樂而交的朋友來說，正如食物中的調味品一樣，很少幾個就足夠了。那麼對真誠的朋友，是否在數量下愈多愈好呢？還是像城邦那樣，數量以適中為好？……朋友的數量同樣有一個界

〔註10〕同上註，頁 56。

〔註11〕同上註，頁 58。

〔註12〕同上註，頁 66。

〔註13〕亞理士多德著，苗力田譯註：《倫理學》（台北縣：知書房出版社，2001年），序言部份，頁 11。

〔註14〕同上註，序言部份，頁 22。

〔註15〕同上註，第八卷，頁 197。

〔註16〕同上註，第八卷，頁 198。

〔註17〕同上註，第八卷，頁 200～201。

〔註18〕同上註，第九卷，頁 228～229。

限，如果交的朋友太多，他就不能和他們共同在一起生活了。〔註19〕
利瑪竇於學習漢語漢字及與士人交遊十多年，深切體認有些友誼觀明末社會
並未具備，利氏即在此背景下，運用已知的西歐賢哲在「友誼」方面的格言
與思想，將之改寫、自行編譯而成《交友論》一書，當然爲明末人們所驚豔。
中央研究院李奭學教授，更於其專著中的一章，特闢一小節，說明晚明的入
華耶穌會士之友誼專著：

> 個人之所以要修身，原因在我們不能離人群索居，得重視人與人之
> 間的相處之道。一旦雙人或多人同行，友道出焉。晚明天主教圈內，
> 談論友道的風氣特盛，僅僅入華耶穌會士之中，至少就有三人或譯
> 或撰有專書及專文討論友誼。此即利瑪竇的《交友論》、高一志《達
> 道紀言》和《童幼教育》中論交的兩個專章，以及前述衛匡國的《逑
> 友篇》。這三人的四個主要文本中，《交友論》因爲首開風氣，加以
> 利瑪竇的活動力特別強，所以論者最夥，影響力也最大。《逑友篇》
> 其次，晚近已經廣受重視。〔註20〕

二、利瑪竇於中國的交遊認知背景

萬曆二十年年初（1592），利瑪竇從韶州到南雄，小住十餘日，拜訪知縣
王玉沙（字應麟，閩漳人，1545～1620），建立了深刻的友誼，而王後來升任
京兆尹，對利瑪竇後來在北京的活動幫助甚多。利子死後，王玉沙曾撰《欽
勅大西洋國士葬地居舍碑文》。從此年至萬曆二十三年（1595）離開韶州往長
江流域之前，他常奔波於韶州、肇慶、澳門間，與范禮安等會士商討於中國
傳教的方式、實務之事，如：改用「道人」之名，留長髮、蓄鬚，見官吏穿
絲綢服等。

並在好友兼弟子瞿汝夔的建議與協助下，「利瑪竇開始蓄髮稱儒，一反先
前所受地方百姓的排擠，廣泛地與韶州、南雄、南昌和南京的名士交接。萬
曆二十三年，利瑪竇定居南昌時，汝夔亦曾將其介紹給自己的兒女親家建安
王朱多㸤。」〔註21〕瞿氏利用自己父祖輩累積下來的人脈，爲利瑪竇介紹如
建安王朱多㸤、理學名儒章潢等上層人士的接見，其知名度立即大增，眾多達

〔註19〕同上註，第九卷，頁238。
〔註20〕李奭學：《中國晚明與歐洲文學——明末耶穌會古典型證道故事考詮》，第
五章，頁265～266。
〔註21〕黃一農：〈「e～考據時代」的中國天主教史研究：以瞿太素及其家難爲例〉，
頁2。

官顯貴與儒士爭相與之會面、晤談。

在利瑪竇的簡略年譜，談到他進入長江流域的重要都市——南京與南昌，說的很清楚：

> 兵部侍郎石公，路經韶州，允偕利瑪竇北去。四月十八日利瑪竇乃離韶州去南京。五月三十一日抵南京，居城關近城門處。六月中，聽從侍郎徐大任勸，離南京，回南昌，路上得奇夢，獲悉日後在兩京所歷事件。六月二十八日抵南昌。……江西巡府陸仲鶴，曾委人接利瑪竇來府相見，深相契洽。八月中建安王朱多㸬，設宴款待。利瑪竇撰著《交友論》。同月結交南昌前白鹿書院院長章本清。〔註22〕

艾儒略對利瑪竇從韶州往北，其艱險的過程，補充道：

> 少司馬石公既就任之京，亦敬愛利子，遂攜利子之南都，號道贛州十八灘，波濤險惡，從行有溺者，利子雖無恙，心甚憫之，不禁淚下，比抵南都未逢知己，心殊悵然。一夜夢入一宮殿，莊嚴宏敞，有金匾額顏其止，醒而自思曰：是殆天主所默示者乎？今日雖鬱鬱於此，聖教終有興起之日也。乃舍南都而轉江右焉。〔註23〕

利瑪竇慢慢了解在我國傳教若沒有皇帝准許，無論耗費多少心血，都不會穩定。於是利瑪竇立定進北京的志願。所以在韶州時他就千方百計，費盡心思想要進京，伺機晉見皇帝。兵部侍郎石星（字拱宸，1538～1599）於1595年4月至韶州，利瑪竇藉著傳授石氏之子快速記憶法，隨著石氏去北京，於五月底至南京。鴻臚寺禮部侍郎徐大任，認為朝鮮與日本戰事甚熾，而他身為外國人，不宜久留南京更不宜前往北京，勸他轉至文風鼎盛的南昌，待適當時機再去北京。

西元1595年，乃是利瑪竇於中國宣教及交友活動成敗的關鍵時刻，他去北京未成而停留南京，但無法容身便前往南昌，一住就是三年（1596.6～1598.6）。利瑪竇逐漸了解，在中國傳教要能長久安穩，一定要爭取上階層的好感，故在南京短暫停留的半個月內，他馬不停蹄地拜訪當地重要人士，如南京的尚書、城內軍事首長及所謂的「國公」。這些國公的上層階級者，多是明代開國以來的重要軍事將領之後裔，幾百年下來，人丁相當繁茂，且現在也是以軍職為業者居多。〔註24〕他們十分尊貴，富有家財，相當於歐洲的貴族階層，影響力當然

〔註22〕請參見張奉箴：《利瑪竇簡略年譜》，頁8，此年為萬曆二十三年（1595年）。
〔註23〕艾儒略：《大西西泰利先生行蹟》，頁204～205。
〔註24〕林仁川、徐曉望著：《明末清初中西文化衝突》，頁97～110，利瑪竇決心

不可小覷。由於利瑪竇與這些當權的達官貴人友誼深厚,對於在明朝的第二個皇城(按:南京內設有和北京一樣的六部等中央機構,其實,明朝原本的首都,本就在古都南京,故為華中指標性大城市)開教與活動,助益良多。〔註25〕

利瑪竇於西元 1595 年六月底抵達南昌,初抵南昌,利瑪竇鬱鬱寡歡,不知如何在中國立足。他常深居簡出,祈禱,求主指引。有一日在夢中得到天主的啟示,將來有一天會到京城傳教,且有人幫助。這個啟示帶給利瑪竇神父無比的信心與鼓勵,也促使他先在南昌開始傳教事業。

南昌比肇慶和韶州都大,但非商業都市。這兒的百姓樸實節儉,篤信佛教,文化氣息濃厚。利瑪竇來此地後,很能入境隨俗。除與人來往進退有節,並注意到禮節細微的地方,故此深得當地人士的好感。在南昌他所結識的第一位朋友是兵部侍郎石星的好友兼家醫王繼樓醫師,此人家境富裕,當地權貴無不請他看病,利瑪竇初次拜訪他時,二人非常投緣,彼此喜歡,成了莫逆之交,常常縱談古今中外,王醫師並常設宴款待他,利瑪竇在這些宴會上,漸漸認識了南昌的一些知名之士,也因著他溫文儒雅、語句中肯、談笑自若、謙虛誠懇的風範,很快受到愛戴而與他們打成一片,這是他在南昌交友的起步,也逐漸了解到友誼傳教於中國是具有可行性的。〔註26〕

利瑪竇生性聰明,記憶力甚強,有過目不忘的能力。他這天分有助於他在南昌的交友與傳教事業。在一次宴會上,王醫師特別誇讚利瑪竇神父有奇異的記憶力,並且精通天算和輿地的學問,又能製造日晷和鐘錶,在場的人都很好奇,並想見識一下他的記憶力,就當場考驗他。利瑪竇在眾人前看完一本四五百字的詩集之後,幾分鐘之內就完全地背出。客人們再當場寫滿一頁數百個不成文句的單字試試他,他也能順序倒背如流,贏得在場人士的驚歎,讚不絕口。後來利瑪竇神父表示很想留在南昌時,這些人都很贊成,並願意幫他,一方面也很想學習他的記憶法〔註 27〕,因為中國的科舉考試等,都強調記憶的能力,一個外國人能背誦、書寫那麼多中文字,一定有他特別

改以上層及知識份子策略,因這才是主流與關鍵!

〔註25〕 同上註,南京與北京有著類同的內閣機制,且是明初之皇城,故皇親國戚、大臣將領雲集,使利瑪竇了解明末官場與上流社會的交往情形,是故《交友論》的寫作動機可能也由此而生。

〔註26〕 詳見利瑪竇及(比)金尼閣著,何高濟等譯:《利瑪竇中國札記》,頁 206～210。

〔註27〕 同上註。

的地方，也是他能吸引人與之爲友的先決條件。

三、建安王的請求

利瑪竇的名聲漸漸傳開了後，許多人都來拜訪他，其中最有地位的人物就是明朝宗室建安王與樂安王，他們常邀請利瑪竇到他們府裡去，待他有如上賓，並常聽他談數學與宗教，倒背詩章。以後建安王送了很多名貴的禮物給他，利瑪竇神父也親自做了一些禮物回贈給建安王，有地球儀、幾何象限儀、好幾幅畫及稜鏡，甚至建安王過世後，其子還是與利瑪竇常有往來。〔註28〕他藉由瞿氏與王繼樓醫師的協助提升其聲響，不但結識了南昌皇室二位王爺外，更熟識了江西巡撫陸萬垓、南昌知府王佐與文學家李日華、章潢等上層人士，甚至被邀請到白鹿洞書院講學。「他儘量隱瞞傳教的眞正目的，用宣傳西洋科學等學術作爲擴大影響的手段。利瑪竇通過交友、著書與講學等形式」〔註29〕，使他在中國上層社會的發展與影響力與日俱增了。

萬曆二十三年聖誕節，在利瑪竇向上司的極力要求下，有二位耶穌會士羅儒望與黃明沙修士（1570～1606，黃於1591年初加入耶穌會，是華人最先入該會協助傳教者）來到南昌，協助利瑪竇傳教。利瑪竇神父在南昌既然增加了伴侶，便設法在城中買地建堂。但開始時，遇到了不少阻礙與困難。最先是知府王佐怕事不准他們購屋，後又有居民猜疑外國人而不願與他們同住一條街，而加以阻撓。利瑪竇神父面對這些阻礙，並不氣餒，到處奔波請相識朋友協助，後經陸巡撫出面說項，才得以購屋定居下來。

在城中利瑪竇結識了白鹿書院的院長章本清，此人聽到很多有關利瑪竇神父德行學識出眾不凡的事，利瑪竇也很敬仰章本清的操行，二人相遇之後，因彼此仰慕，很快成了好朋友。南昌的文人學士，都很敬重章氏，所以在他的媒介下，利瑪竇又認得了很多南昌的文人學士。在此期間利瑪竇神父開始撰寫《天主實義》一書，寫成的文稿特別商請章本清等文士過目潤飾修改，後經他們的鼓勵催促及獲印度臥亞主教批准，在1603年由馮應京於北京刻板付梓〔註30〕，流傳甚廣，此乃利瑪竇在中國最重要之宣揚教義的書，影響至巨。

南昌作爲江西省首府，除設有巡撫及地方官府衙門外，還有「明朝宗室

〔註28〕同上註，頁211～213。

〔註29〕鄭愛紅：〈利瑪竇、章潢、熊明遇與南昌地區的西學東漸〉，《江西教育學院學報》，25卷4期，（2004年8月），頁105。

〔註30〕請參見張奉箴：《利瑪竇簡略年譜》，頁9。

第四代建安王朱多㸼、樂安王朱多㷒在此駐節，尤其是朱多㸼，他是明太祖庶子的庶孽，論輩份卻是萬曆皇帝的堂叔祖，也是利瑪竇入華後受到賓禮相待的首名宗室郡王」。〔註 31〕另根據日本學者平川祐弘的研究，「利瑪竇尤其與建安王特別接近。根據《明史》記載，康懿王名叫多㸼，是昭靖王之長子，1573年被封爲建安王，死於 1601 年。」〔註 32〕利氏更於晚年的回憶錄《利瑪竇中國札記》談到，建安王過逝後，其子與他尚維持極佳的友誼〔註 33〕，對照《明史》之建安王朱多㸼的卒年來看，利瑪竇所言應是可能的。

利瑪竇的《交友論》，就是在這個時期，因爲與建安王等王室成員交友，特別應建安王要求而編譯出來的。爲了能儘速將西方交友哲學的精髓用簡明的漢字表達出來，他立即蒐羅了各方面西方交友哲學的資料、書籍，按條列式的寫法，逐條用淺顯易懂的漢語說明西方之交友觀與論點。

那時的利瑪竇急著完成此書，最主要的目的是把此書作爲贈予建安王的文化禮品以獲致建安王的歡心，再者也是對自己十來年學習漢語、漢字能力的一次最佳試驗。而他的努力沒有白費，建安王非常滿意且由他的隨從抄了好幾份廣爲宣傳，也將他的名聲迅速的推向一個新的高峰。他們雖不得預聞政事，但可以附庸風雅關心學術，與王室交友，可獲得民間人士的高度重視。尤其是建安王朱多㸼，經常請他宴飲，並討論交友之道。〔註 34〕在利氏自撰的《友論》引曾談到這段史事：

> 低回留之不能去，遂捨舟就舍，因而赴見建安王。荷不鄙，許之以
> 長揖，賓序設醴驩甚。王乃移席握手而言曰「凡有德行之君子辱臨
> 吾地，未嘗不請而友且敬，太西邦爲道義之邦，願聞其論友道何如」？
> 竇退而從述囊少所聞，輯成友道一帙，敬成於左。〔註35〕

〔註31〕 朱維錚：《利瑪竇中文譯著集》（香港：城市大學出版社，2001 年），頁 141。

〔註32〕 平川祐宏著，劉岸傳等譯：《利瑪竇傳》（北京：光明日報出版社，1999年），頁 231。

〔註33〕 利瑪竇及（比）金尼閣著，何高濟等譯：《利瑪竇中國札記》，頁 212。

〔註34〕 許明龍：《中西文化交流先驅——從利瑪竇到郎世寧》（北京：東方出版社，2003 年）頁 11～12，在南昌，利瑪竇通過名醫王繼樓認識當地不少知名人士，而江西巡撫陸萬垓更是利瑪竇抵達南昌就前往訪視，而南昌的白鹿書院院長章潢的引見，更將利瑪竇於華中的名聲推向更高點。當然，具有崇高地位的皇室建安王等，當然也要一睹大名鼎鼎的利瑪竇，故而向他請教西方的交友哲學觀爲何。

〔註35〕 利瑪竇：《友論》——寶顏堂祕笈本《百部叢書集成》（台北：藝文印書館，

利瑪竇藉著建安王的請求，試著用學習多年的中文，把西方的交友觀用明末士人能理解的語句，寫成了他的第一本漢字著作，也為他的名聲與交友之路，攀升至更高的境界。「《交友論》一書在 1595 年初刻於南昌，而後廣為流傳，在明末士大夫中風行一時，大受讚賞〔註 36〕」。「利瑪竇整理西方哲言所編譯出的第一本漢字著作《交友論》，不只使明末士人折服，其在後世的影響更不遑多讓」。〔註37〕在四百年後的已故教宗若望保祿二世對其有更好的詮釋：

> 1595 年在南昌首次出版後立即博得普遍讚賞的《交友論》，以及在中國二十八年生涯中所諦結的廣而深厚的友誼，見證了他對歡迎他的中國人民的忠實、誠懇及友愛。這樣崇高的心情和態度，來自他對中國文化的珍視。致使他去研究、詮釋、說明古代的儒家傳統思想，對中國經典提供一番新的評估。
>
> 由於利瑪竇如此道地的「做中國人中的中國人」，使他成為大「漢學家」，就文化和精神上的意義來說，因為他在自己身上把司鐸與學者，天主教徒與東方學家，意大利人和中國人的身份，令人驚嘆地融合在一起。〔註38〕

可見利瑪竇深切了解，唯有透過中國人的文化、觀念與語言，才能以西方的文化與中國人交友獲致最後的成功；其實，利瑪竇在《交友論》裡所要表達的思想，乃是從西洋格言或哲人的名句加以修飾，適合中國人心理而成的，並非利瑪竇個人的創造。雖然如此，但他成書的工作應予以肯定，正因他的努力，才使明末的人對西方的思想有所了解，並可實際去比對、驗證不同思想文化間，也有著共同的東西，或者說溝通的基礎。〔註39〕

　　利瑪竇從進入中國起就努力地學習用漢語寫作文章，其最初用意是為了傳播天主教教義，而他受建安王之託而做的《交友論》，卻受到對人性問題有濃厚興趣的明末官員士人們的青睞，博得了深厚的友誼與信賴。當然，這也是中國

〔註36〕　（法）費賴之著，馮承鈞譯：《在華耶穌會士列傳及書目》，頁 42，並論及《交友論》一書於南昌、南京、北京刻印與收入某些書的基本狀況。

〔註37〕　鄒振環：〈利瑪竇《交友論》的譯刊與傳播〉，頁 50～51，文中少數涉及宗教外，多是從世俗人倫角度陳述友誼，補明末在友誼這一倫的不足，故廣受觀迎、流傳。

〔註38〕　教宗──若望保祿二世：〈教宗致詞稿〉，《利瑪竇到北京四百週年國際學術研討會》（羅馬，額我略大學出版，2001 年）第二、三點之節錄。

〔註39〕　許明龍：《中西文化交流先驅──從利瑪竇到郎世寧》，頁 11～12。

（1971 年），《友論》引之最後二段。

人第一次能用漢字讀到有關西方人的交友觀的第一本書,其時代與歷史意義重大,使明末的士人們對西來的傳教士有別於宗教傳教以外的好奇心,甚至在打開了心防與之交友後,對之後西學東漸的接受度能更為開拓,影響至鉅。

利瑪竇從肇慶至韶州到南昌,深知要使天主教在中國生根,唯有先深入了解中國文化與民情。故他在南昌期間,發揮了他的機靈才智,廣結民間名紳儒士,自王醫師、建安王與樂安王到章院長等,莫不以與他結友為榮,也藉著這些摯友對民間的影響,使利瑪竇開創了南昌的傳教事業。以文會友,以友傳教,正是利瑪竇在南昌交友與傳教的寫照。

第二節 《交友論》之版本

利瑪竇《交友論》成書時間為明萬曆二十三年(1595),刊印後頗受中國各地讀書人之喜好,且此書只有一卷,故各版本在卷數上並無差異;全錄者條目皆是一百條,但有部份版本為節錄本或刪節本,所錄條目較少。而利瑪竇原著的《交友論》原書條目數到底多少,據法國學者裴化行指出:「初稿本為了增加吸引力,他在正文後邊附上他自己創造的漢語拉丁化方案,再加上一篇序言,然後聽任索取者拿去翻印……收有七十六句格言的這個小集子,被贛州知州偷偷拿去付印,但未附上拼音方案」。〔註40〕

而對利瑪竇素有研究的日本學者平川祐宏在其專著中也提到:「在原文中(指中文)並沒有編號,而在意大利語的譯文中編了從一到七十六的編號。另外,也有一些地方雖然原文當中有,但意大利語譯本當中卻沒了,這些地方也許是利瑪竇覺得比較難譯的地方,或者是譯出來也沒有什麼價值的地方,這裡也就從略了」。〔註41〕故初刊本《交友論》應該不是百條而是七十六條,多出的二十四條應為明末士人再加上去的。且初版名稱應是《友道》或《友論》,至1601年再刻時,馮應京將其正式定名為《交友論》。〔註42〕教會

〔註40〕 (法)裴化行著,管震湖譯:《利瑪竇評傳》(北京:商務印書館,1993年),頁65。

〔註41〕 平川祐宏著,劉岸傳等譯:《利瑪竇傳》,頁239。

〔註42〕 1601年,馮應京有〈刻交友論序〉,曰:「付之剞劂,冀觀者知京重交道,勿忍見棄。……《交友論》凡百章,藉以為求友之贄。」此乃最早以《交友論》來定名此書者,故現今學者亦多持此見,如大陸學者鄒振環:〈利瑪竇《交友論》的譯刊與傳播〉,頁51。據國立台北大學古典文獻學研究所所長王國良教授於筆者口試時提出,中國本有「友道」這個名詞,

人士顧保鵠在其文章中指出：

> 利瑪竇這薄薄的一冊論友誼的格言，出版之後，竟然轟動了整個知
> 識階級，激起了很大的反應。他們認為西方的這些格言中，有許多
> 是中國人從未聽到過的，很能啓發人心，有助於培養眞正的友誼，
> 有益於世道人心。他們特別欣賞第一第二則格言。此書刊出之後，
> 利氏更爲學者所器重。因此《交友論》一書，不但在教會內重版過
> 許多次，連很多教外學者，也節錄或全部刊入他們自己所編的叢書
> 裏。〔註43〕

今人著作中，討論《交友論》的刻本的，以張西平的《傳教士漢學研究》較爲
詳明。張氏藉由《交友論》的各個序、引，及傳教士的原始史料與翻譯之信件
等，推論與探討其各刻本的情形，惜未針對每個單行本與叢書本的版本現況做
更深入之探討。而筆者蒐羅眾多資料後發現，僅（日）中村久次郎於其文章裡
明確指出，《交友論》有二個單行本，除此之外，尚未有人探討過是否有其他的
單行本，應是單行本保存不易而大部份皆散失，不利研究；而叢書本探討的人，
主要是依據方豪的一篇論文〈利瑪竇交友論新研〉。筆者特探索《交友論》之單
行本尚有哪些，並對前人所記述之各叢書本作考察實情。本論文僅探討《交友
論》之中文版本，對其他語文的版本並不列入討論。現就各中文版本分述如下：

一、單行本

1. 贛州本

據利瑪竇晚年回憶指出，「用中文寫的論友誼的短文（按：指《交友
論》）……就在它付印後不久後，贛州有一位知縣，完全用中文把它加以重印，
流傳於各省，包括北京和浙江。」〔註44〕當時贛州可能有此一版本。復旦大
學歷史系的鄒振環在《利瑪竇交友論的譯刊與傳播》與日本學者平川祐宏著

但無「友論」的詞，因此時的「友」爲動詞，不合中文的語法：是故，
馮應京以「交友論」來定此書之書名，較爲後人所接受，亦較符合我國
的語法。

〔註43〕顧保鵠：〈利瑪竇的中文著述〉，《神學論集》，（台北：光啓出版社，1983
年7月），頁44。

〔註44〕利瑪竇及（比）金尼閣著，何高濟等譯：《利瑪竇中國札記》，頁212。另
據劉俊餘、王玉川合譯：《利瑪竇中國傳教史》（台北：光啓社；台北縣：
輔大出版社，1986年），頁255，文中指出「後來由贛州區域知縣蘇大用
出版中文單行本，分送各省朋友，包括北京和浙江」。

的《利瑪竇傳》也持相同的看法。〔註45〕另張西平於其專著中特別指出,「德禮賢認利瑪竇所說的『在兩處由別人印刷過』,這兩處是 1596 年的寧都版和 1599 年 1 月的南京版。寧都版是蘇大用刻的,南京版很可能就是瞿汝夔的 1599 年版,很遺憾這兩個版本都軼失了」。〔註46〕此單行本目前已不復見。

　2. 鳳陽本

　　據羅漁所譯的《利瑪竇書信集》,於南昌 1596 年 10 月《利瑪竇致羅馬總會長阿桂委瓦神父書》發出的信件內文可知,「去年曾致力用中文試撰《交友論》一書,是從我們的書中挑最好的作為參考而編寫的,其中引用許多歐洲名人的遺訓或名言,因此引起中國學人們的驚奇,為使該書更具有權威,我還請大官馮應京寫一序言,後贈送給皇帝的親屬建安王。後來不少學者爭相傳閱、抄錄,我也都使他們稱心滿意。我的至友(按即馮應京)曾在他的家鄉(按即安徽省鳳陽府人)未曾告訴我便刻版印刷了,上面也刻了我的名字。」〔註47〕按照羅漁先生所譯,1596 年 10 月以前可能有一鳳陽本,且 1595 年給建安王的《交友論》之序言乃馮應京所寫的,而此序言遠比《天學初函》本馮的序言早了五年以上。〔註48〕筆者對照上文所錄羅漁的中文翻譯,節錄利氏信件原文之相對部份,經倪老師之判定,根本沒有馮應京的譯音出現過,且無出版地鳳陽之譯音(出版地義文信件之註腳為 cihien)。〔註49〕從利瑪竇、

〔註45〕平川祐宏著,劉岸傳等譯:《利瑪竇傳》,頁 276。並請參照鄔振環:〈利瑪竇《交友論》的譯刊與傳播〉,頁 51。

〔註46〕張西平:《傳教士漢學研究》(鄭州:大象出版社,2005 年),頁 39。此處的寧都,即註 44 所指的贛州。

〔註47〕利瑪竇著,羅漁譯:《利瑪竇書信集》,頁 231。

〔註48〕筆者於論文口試時提出鳳陽本的疑問,亦質疑利氏原信件真的有寫「馮應京」等語?李奭學與王國良兩位教授,要求筆者能找出利氏義大利文本的原信件,請識義文者協助釐清實情。幸於李奭學教授處得知,輔大有此書,且推薦其學生——輔仁大學義大利語系倪安宇老師協助翻譯,故筆者能從倪老師比對中、義文後,找出實情。

〔註49〕L'anno passato per esercitio feci in　littra cina alcuni detti *De Amicitia*, scielti I migliori de' nostri libri ; e come erano di si varie persone e eminenti, restorno piu che attoniti I letterati di questa terra e, per darli piu autorita, gli feci un proemio e gli diedi di presente a quell parente del re, che ha titolo anco di re. E earno tanti I letterati che mi chiedevano per vederli e trascriverli, che sempre ne avevo alcune copie apparecchiate per mostrare ; et uno che si fa molto nostro amico li trascrisse e, levandoli a sua terra che e una citta qui vicina, gli ha stampati con il mio nome senza dirmi niente; (註腳:Il nome del mandarino che dette alle stampe

（比）金尼閣著，何高濟等譯之《利瑪竇中國札記》中完全看不到馮氏在 1596 年之前在南昌與利瑪竇有任何接觸，再就有關李贄生平的專書來看，可能羅漁所譯或其所指的好友並非馮應京，即 1596 年前的鳳陽本應不存在。〔註50〕

3. 馮應京原刻本

現藏於羅馬維多利奧・愛瑪努愛圖書館（Biblioteca Vittorio Emanuele），近代意大利的傳教士，後來成為名副其實的歐洲漢學家德禮賢（1890〜1963，Pasquale M. d'Elia）因撰寫論文需要，特將馮應京《交友論》原刻本印下附於其論文之首，故能一睹馮刻本。〔註51〕此本正文首行題曰：「答建安王即乾齋子友論」，次行下方有「大西洋耶穌會士利瑪竇述」的署名。每半葉 10 行，每行 22 字，左右雙邊；版心上緣題有「交友論」三字，中間有單黑魚尾，首葉版心下緣刻有「吉安府彭奇寫」的字樣，頁次刻於版心下方由「乙、二……九」，正文前有馮應京作的〈刻交友論序〉（1601 年）及瞿太素作的〈大西域利公友論序〉（1599 年）。據德禮賢於原本考證，此本刻於 1601 年，並於每一條目上方編有 1……100 的號碼，且正文之末有歐洲天主教特有之藏書印記，想此二項特點應是馮刻本到歐洲後為天主教人士再加上去的，計條目一百。

4. 福州欽一堂本〔註52〕

據《羅馬耶穌會檔案處藏漢和圖書文獻目錄提要》對《交友論》的論述

---

l'opuscolo，viene taciuto anche nei *Commentary*，dove pero dice di piu che era un **cihien**，d'una citta della regione di Canceu. Cf. *Commentary p265 sg.455;.*）delche，sebene mi contristai，il suo buon animo fu degno di lode. Altri anco fecero libri stampati I quail parlavano assai bene.

〔註50〕詳見許蘇民：《李贄的真與奇》（南京：南京出版社，1998 年），文中談到馮應京於 1593〜1595 年在家守母喪，至 1600 年始被萬曆帝拔擢為湖廣按察司僉事，到湖廣才讀到李贄為利瑪竇傳抄散發的《交友論》，深為嘆服，因此 1601 年春之農曆正月，才為《交友論》作序，而利瑪竇從此與馮友好，相見恨晚，但馮不久即被害入獄，。故羅漁先生所譯，似與歷史事實不合，故此本應不存在，且 1595 年給建安王的《交友論》也應該沒有馮之序才是。

〔註51〕請參見 Pasquale M. D'Elia，" II Trattato sull'Amicizia：Primo Libro scritto in cinese da Matteo Ricci S. I.（1595），" Romae：[S.M.]，VII，1952）．（中譯為——德禮賢：〈利瑪竇第一部漢文書交友論考〉《傳教學研究》第七集，1952 年）。口試時王國良老師曾質疑此本是否為單行本？抑或是收錄於某書之中的叢書本。此問題目前無解，尚待後人研究考證，筆者目前暫歸之為單行本。

〔註52〕Albert Chan,*Chinese books and documents in the Jesuit Archives in Rome：a descriptive catalogue,Japonica〜Sinica I-IV*（New York：M.E.sharpe，2001），pp77〜79.

可知，該處有一刻版日期不詳的福州欽一堂刻本，紙質爲中國竹紙，封面刻有中文及拉丁文的描述："De Amicitia a p. Matth. Ricci, S.J."（利瑪竇《交友論》）。正文前有馮應京作的〈刻交友論序〉（1601 年）及瞿太素作的〈大西域利公友論序〉（1599 年），據筆者推斷此本是最早進入福州傳教、素有「西來孔子」美譽之稱的艾儒略，於福州所領銜付梓的。〔註 53〕同時此本亦收錄於日本內閣文庫。〔註 54〕

5. 朱廷策校本

對利瑪竇素有研究的日本人中村久次郎在他的文章中指出〔註 55〕，「明代友論之單行本，至少有二種，即閩中欽一堂本（日本內閣文庫藏本）及朱廷策校本（文求堂漢籍目錄大正五年三月刊行）」。這也是筆者所能見到，唯一有探討並清楚交待《交友論》單行本的學者，也印證了上一項《福州欽一堂》本，此一單行本是確實存在的。在同一篇文章中又云：「然德川時代之寫本，往往有鈔錄交友論者，有寬延四年（即 1751 年，此時日本已不如 1660 年代之禁耶穌教嚴明，請參見叢書本之小窗別紀本的註釋）敘文之唐本類書考卷上即載有寶顏堂祕笈廣集中之『友論一卷利瑪竇撰』，內閣文庫亦藏一本。去年三月（按：以大正五年三月刊行，爲西元 1916 年）書肆文求堂東京市本鄉一丁目之漢籍目錄附錄中，有『利瑪竇友論』，附記之以備參考。」

6. 匯堂石室藏本

原收藏於輔仁大學神學院，自 1996 年 12 月 17 日至 2011 年 12 月 16 日

〔註 53〕 艾儒略，字思及，義大利人。西元 1610 年抵澳門，數年後奉命至北京，不久又隨徐光啓赴上海。1620 年，他前往杭州，替李之藻的母親行終傅禮，並且吸收很多教徒。1624 年，當時的大學士葉向高罷歸，途經杭州，延請他入葉氏的故鄉福建傳教，第二年艾氏即抵達省會福州，所以他是福建開教的第一人，於 1641～1648 年，擔任耶穌會中國省區會長達七年之久。並在數年間於福建八個府各建一座教堂，與眾多學者合力寫作，著作等身：如 1623 年著《西學凡》、《職方外紀》二書，1629 年李之藻刻《天學初函》時將此二本書收入，且艾氏與李之藻友好，故筆者從這些證據，推論此本爲艾氏將《交友論》之《天學初函》本攜入福州再行刻印的。

〔註 54〕 請參見（日）中村久次郎著、周一良譯：〈利瑪竇傳〉，《利瑪竇研究論集》（香港：崇文書店，1971 年），頁 22～23。此篇文章先行刊載於《禹貢》5 卷 3、4 合期，1936 年 4 月，之後才收錄多人文章成一論集。

〔註 55〕 同上註。所謂《友論》朱廷策校本，爲中村元次郎在日本所見之單行本，再參以《文求堂漢籍目錄》可知，此本應爲寶顏堂祕笈本之單行本。

暫時寄存中央研究院傅斯年圖書館，並已製成光碟供人瀏覽。〔註 56〕爲萬曆二十三年刊本，每半葉 10 行，每行 24 字，四周雙邊；版心上緣題有「交友論」，中間有單黑魚尾並刻有「卷」字，頁次刻於版心下方，版心最下緣刻「匯堂石室藏本」。此本刻的字體瘦長堅挺且刻工極美。有馮應京作的〈刻交友論序〉（1601 年）及瞿太素作的〈大西域利公友論序〉（1599 年），此本首尾二葉刻有「耶穌會中華省」之印記，正文葉一第一行行首刻「交友論」，行末有「歐邏巴人　利瑪竇　譔」，再接〈友論引〉及正文，計條目一百。

7. 紅格寫本

原收藏於輔仁大學神學院，自 1996 年 12 月 17 日至 2011 年 12 月 16 日暫時寄存中央研究院傅斯年圖書館，並已製成光碟供人瀏覽。〔註 57〕爲萬曆二十三年紅格寫本，每半葉 9 行，每行 24 字，四周雙邊；版心分有上中下三欄，但不刻字。此本刻的字體較圓而粗扁，與其他本在字體上最爲不同。有馮應京作的〈刻交友論序〉（1601 年）及瞿太素作的〈大西域利公友論序〉（1599 年），此本首尾二葉刻有「耶穌會中華省」之印記，正文葉一第一行行首刻「交友論」，行末有「歐邏巴人　利瑪竇　譔」，再接〈友論引〉及正文計條目一百。

二、叢書本

1. 天學初函本〔註 58〕

收入於本叢書的「理篇」，爲明崇禎年間李之藻之刻本，現藏北京大學圖書館與梵諦岡教廷圖書館、法國國家圖書館〔註 59〕，爲歷來學者所稱最佳的底本。此版本刻工講究、字體方正，有馮應京作的〈刻交友論序〉（1601 年）及瞿太

〔註 56〕原藏於輔仁大學神學院，但已暫移至中央研究院傅斯年圖書館，可於館內用光碟參看並列印此本未過半之頁數，此本之光碟代號爲 AFT003R。另有 AFT004R 爲匯堂石室藏本之翻刻本，加有朱批圈點但塗改甚多，九行二十字，無版心版式亦無邊框，較原匯堂石室藏本爲差。

〔註 57〕同上註，藏於中央研究院傅斯年圖書館，此本之光碟代號爲 AFT005R。參以匯堂石室藏本與紅格寫本可知，其行款格式皆相同，僅前者每半葉 10 行、後者每半葉 9 行，而每行皆 24 字；兩者的字體不同而已。

〔註 58〕今收錄於四庫叢書編委會：《四庫全書存目叢書》，子部，冊 93。

〔註 59〕鄭安德編：《明末清初耶穌會思想匯編》（北京：北京大學宗教研究所，2000 年），卷 1，冊 5。此書的〈交友論題解〉曰：「載於《天學初函》第一冊，藏於梵諦岡教廷圖書館，文獻編碼爲 Borg.cine.，324，5 12 號；法國國家圖書館亦有藏本，古郎編目爲 3371 號。」

素作的〈大西域利公友論序〉（1599 年），且此二序之末尾各有二枚印記，並從這二個序可清楚了解利瑪竇作此書之經過情形與緣由，故亦為筆者主要參考之版本。葉一第一行行首刻「交友論」，行末有「燕京大學圖書館藏」印；第二行空二格刻「歐邏巴人利瑪竇撰」，再接〈友論引〉及正文，此引乃利瑪竇之口吻述說，與他版不同。每半葉 9 行，每行 20 字，版匡高 21 公分，寬 14 公分，四周單邊細黑口，版心上緣題「交友論」書名，中間版心花口、單黑魚尾，下緣刻有「序」、「序一」、「一」等葉碼，葉一就進入內文，計條目一百。

2. 寶顏堂祕笈本〔註60〕

收入於本叢書的「廣集」，由國家圖書館據明萬曆繡水沈氏尚白齋刻寶顏堂祕笈本影印而得。明萬曆陳繼儒所刻印，內有陳之〈友論小敘〉，序末有「仲醇陳繼儒題」字樣，另有朱廷策之〈友論題詞〉，下一葉為利瑪竇之〈友論引〉。每半葉 8 行，每行 18 字，版匡高 20 公分，寬 12 公分，四周單邊白口，版心上緣題「友論」二字，無魚尾；版心下緣刻葉數。正文首行刻「高寄齋訂正友論」，行二至四分別刻有「大西域山人利瑪竇集」、「中尊儒居士朱廷策校」、「三竺　道人陳邦俊　校」，至葉一行五正式進入內文第一條「利瑪竇曰吾友非他即我之半……」，計條目一百。

3. 廣百川學海本〔註61〕

收入於本叢書的「庚集」，（明）馮可賓刊本，陳燁然校閱。每半葉 9 行，每行 20 字，白口左右雙邊，單白魚尾，版心上方題有「友論」二字，中間有單白魚尾，下緣刻有「一」、「二」等葉碼，特別的是此版本在正文前無任何「引」或「序」等文字，葉一第一行刻「友論」，第二行刻「大西域利瑪竇集陳燁然校閱」，第三行進入正文，以「利瑪竇曰：吾友，非他即我……」始，正文末行之首刻「友論終」，計條目一百。

4. 說郛續本〔註62〕

收入於本叢書的「卷三十」，（明）陶珽編。每半葉 9 行，每行 20 字，左右雙邊白口，單白魚尾，刻版字体橫細直粗方正，版口下緣同樣刻有「一」、

〔註60〕 現收錄於嚴一萍等輯：《百部叢書集成》，冊 18。一般認為此本較粗糙，僅供參考，尚不足以列入輔本。

〔註61〕 現收錄於（明）馮可賓、陳太史校：《廣百川學海》（台北：新興書局，1970年），卷 134。

〔註62〕 現收錄於（明）陶宗儀、陶珽：《說郛三種》（上海：上海古籍出版社，1988年），其中的《說郛續集》卷 30 內。

「二」等葉碼，排版字體整齊清爽、各條目一目了然，是其最大特色。據筆者考證，說郛續本與廣百川學海本完全相同，不論版式、內容皆一樣，只是廣百川學海本在第二行刻「大西域利瑪竇集」之下多了「陳燁然校閱」與正文末行之首刻有「友論終」等二處，其他版式、文字皆相同，故此二本實際上應視作同一種版本，計條目一百。

5. 古今圖書集成本〔註63〕

（清）陳夢雷編，收入於本書的「明倫彙編交誼典第十二卷，朋友部」，僅單純收錄利瑪竇《友論》之內文，無任何人之序文，首行刻「明西域利瑪竇友論」，次行刻「雜論交友」，行三才進入正文之第一條。正文最後一條下方特別用小字雙行刻「按友論乃西域文法，辭多費解」，其文用字稍與別的版本略有出入，大部份條目末尾注解之文字用與正文相同大小的字且隔行降一格注解之，這是與他版不同之處。每半葉27行，每行20字，四週白口雙邊，單線魚尾，版心上緣刻有「古今圖書集成」粗墨大字，線魚尾下方刻有「明倫彙編交誼典第十二卷朋友部」，版心最下緣刻有冊與葉數以便找尋，計條目一百。

6. 一瓻筆存本〔註64〕

（清）管庭芬編，收入於本叢書的「子部儒家類」，僅存於大陸天津圖書館，筆者在台灣無法找到該版本，只能藉由《叢書書目匯編》及《中國叢書廣錄》，確認此叢書有收錄利瑪竇的《友論》。

7. 鬱岡齋筆塵本〔註65〕

（明）王肯堂撰，為《交友論》之刪潤本，收入於本叢書的「卷三」交友條，南京圖書館藏明萬曆刻本，明萬曆三十年壬寅（1602）王懋鋥刊本，原刻本流傳不多，1930 年由北京圖書館另付鉛印行世。正文卷端題「鬱岡齋筆塵第一冊　金壇王肯堂宇泰甫」。在四庫全書中特別提到一位於江蘇與利瑪竇友好的名醫王肯堂之《鬱岡齋筆塵》，其書中僅收有利瑪竇《友論》部份條目，最為特殊、也與其他版本不同的是，其內文編排每一條目無換行，每一

〔註63〕收錄於（清）陳夢雷：《古今圖書集成》（台北：鼎文書局，1985 年再版），冊331，明倫彙編交誼典卷12，朋友部。

〔註64〕請參見沈乾一：《叢書書目匯編》（上海：上海醫學書局，1929 年），頁 1～2，介紹叢書《一瓻筆存》為「管庭芬編道光間抄本天津圖書館藏……《友論》一卷（明西洋人利瑪竇）……屬子部儒家類」。亦可參見陽海清編撰：《中國叢書廣錄》（武漢：湖北人民出版社，1999 年），頁 183。

〔註65〕收錄於四庫叢書編委會：《四庫全書存目叢書》（台北：莊嚴文化公司，1995 年），子部冊107。

條目與條目間只以空一格來區分。每半葉 9 行，每行 18 字，版匡高 18.5 公分，寬 12.8 公分，黑口四周單邊，單黑魚尾，版口上緣刻有「筆塵」二字，下緣從刻有「十八」直至「二十一」共四葉，非一百條條目皆收錄，而是王氏「稍刪潤著于篇」〔註66〕也，引《交友論》正文三十九條。

8. 小窗別紀本〔註67〕

（明）吳從先編，明萬曆四十三年（1615）刊本，為《交友論》之節本，收錄於本叢書的卷三。每半葉 8 行，每行 18 字，四邊單欄，無魚尾。版匡高 25 公分，寬 18 公分，版心上緣刻「別紀」，中間刻所在之卷數，下緣記葉數。首行降一格刻「友論大西域利瑪竇」，各條之間空一格以區分之，並在某些重要語句旁加上圈點註記，引《交友論》正文三十五條。

9. 朱翼本〔註68〕

（明）江旭奇編，為《交友論》之節本，不分卷，收錄於本叢書的「交道類」利瑪竇條，每半葉 9 行，每行 24 字。四邊單欄，版心白口，版匡高 21.8 公分，寬 13.6 公分。除了節錄《交友論》部份內文外，並穿插「利瑪竇曰」、「馮應京曰」、「江旭奇曰」、「陳眉公曰」等人對交友觀念之評析與註解，可說是其他版本所沒有的特色，亦證明《交友論》確實為這幾位知名文人所傳閱過，可知此書流傳甚廣、其內容為文人所評析探討，引《交友論》正文十一條。

10. 合校本

（民國）葉德祿編著，於其一篇文章之首的〈《交友論》校例〉有曰：「一、以天學初函理編刻本為主，校以寶顏堂祕笈本、山林經濟籍本、廣百川學海本、說郛續本、圖書集成本翻刻本。二、小窗別紀本為節本，鬱岡齋筆塵本為刪潤本，《四庫全書總目提要・雜家存目二》所引四則，《徐氏筆精》引二則亦皆採

〔註66〕（清）永瑢等撰：《欽定四庫全書總目》（台北：藝文印書館，1997 年），頁 1080。

〔註67〕筆者曾至國圖善本書庫查日本寬文十年（1670）風月堂刊本之《小窗別紀》微捲，但就是找不到《交友論》支字片語，再至傅斯年圖書館翻看善本書，明萬曆四十三年刊本之卷三，才見到《交友論》一篇。在（日）中村久次郎著、周一良譯：〈利瑪竇傳〉，頁 22，中村先生提到吳從先《小窗別紀》卷三錄有《交友論》，但寬文十年日本刻本乃刪去之，實拘於嚴禁耶穌教之國法。筆者實際翻查此二個版本，證明中村先生此言為真。

〔註68〕江旭奇：《朱翼》《四庫全書存目叢書》，明萬曆丙辰 44 年（1616 年）新安江氏刊本。

入」。〔註69〕此本將《交友論》內文一百條皆作校勘，以天學初函本爲底本，再以另九本作輔本校之，可謂至本論文之前，最爲詳明之《交友論》校訂本。

11. 天學集解本〔註70〕

（清）劉凝編，專錄明清間耶穌會士著作之序跋。於此本的卷六，第一行行首刻有「天學集解」，從頁 1 至 12，即先後錄有《交友論》及《述友篇》的所有序、小引共九篇；而後的頁 12 至 14，收有〈交述合錄序〉一篇，但僅見其序文，而未收兩書的內文，是故列此本於論文叢書本之末。其內文有云：「交述合錄者，利西泰先生所著《交友論》，衛濟泰先生所著《述友篇》，合而錄之，置諸座右，以備朝夕諷讀者也。二先生棄家國、離親戚，求友九萬里外，可謂摯且切矣。著書立說，皆由中之談，能令讀者慭然而驚。……以告今之交友者，丁巳（按：爲西元 1677 年）長至，南豐劉凝識於長安邸舍」。〔註71〕無法由此清初的叢書本，看到《交友論》及《述友篇》的另一種版本的內文，殊爲可惜。

12. 鹿鳴園本〔註72〕

此本爲域外漢籍之《交友論》日本版本，收錄於鹿鳴園叢書第一集第六，內刻有「明西洋　利瑪竇撰　明　陳皎然閱　日本萩原裕 訂」，爲日本明治 24 年版，現藏於日本東北大學。

第三節　《交友論》成書後於各目錄的著錄情形

《交友論》全書共一卷，收錄於多種叢書、藏書目錄與個人專著中，以「交友論」或「友論」等名稱爲之：

一、以「交友論」為名收錄的有：

1. 《天學初函》理篇

〔註69〕葉德祿：〈合校本交友論〉《上智編譯館館刊》，3 卷 5 期，（1948 年 5 月），頁 175。此單篇論文中整理出的合校本曾出爲一本專書，但目前已不復見；亦此本於叢書本中，可供之後的研究者參考。

〔註70〕此叢書本爲劉凝所編之鈔本，此鈔本共九卷，凡 569 葉，半葉 9 行，行 20 字。感謝中央研究院文哲所李奭學教授，於口試時提供此書目及書本之影本，據李教授所言，海峽兩岸三地皆未藏有此書，李教授是從聖彼得堡印出此本，實爲難得一見的本子，在此特別感謝。

〔註71〕劉凝：《天學集解》，卷六，頁 12～14，〈交述合錄序〉之首尾部份。

〔註72〕此本收錄於「日本所藏中文古籍數據庫」，感謝王國良教授以電子檢索而得此條目，提供筆者參考，因未能實際見到此叢書，故列於叢書本之末。

2. 《鬱岡齋筆塵》卷三，交友條

3. 《四庫全書存目叢書》子部九十三，雜家類

4. 《欽定四庫全書總目》卷一百二十五，子部雜家類存目二

5. 趙用賢（1535～1596）：《趙定宇書目》〔註73〕不分卷，不分類

6. 無名氏《近古堂書目》〔註74〕下卷，天主教類

7. 祁承㸁（1562～1628）：《澹生堂藏書目》〔註75〕卷六，子部諸子類

8. 錢謙益（1582～1664）：《絳雲樓書目》〔註76〕卷四，天主教類

9. 徐乾學（1631～1694）：《傳是樓書目》〔註77〕不分卷，釋家類雜著

10. 徐宗澤：《徐匯書樓所藏明末清初耶穌會士及中國公教學者譯著書目》〔註78〕社會類

11. 徐宗澤：《華諦岡圖書館藏明末清初耶穌會士及中國公教學者譯著書目》〔註79〕不分類

12. （明）徐勃（1570～1645）《徐氏筆精》〔註80〕卷八，交友條（僅引二條）

13. 《京都大學人文科學研究所漢籍目錄》〔註81〕子部，第七天文算法類，

〔註73〕 趙用賢：《趙定宇書目》載於嚴靈峰編輯：《書目類編》（台北：成文出版社，1978年），冊29，頁104。此書目就《書目類編》對它的說明可知，為「趙用賢撰，自紀所藏書目」，但趙至萬曆二十四年即過逝，與《交友論》成書時間萬曆二十三年僅隔一年，趙為江蘇常熟人，且記收的書名為「《交友論》一本」，即知此書當時已有人稱之為《交友論》，且已流通至江蘇。但查其子趙琦美的《脈望館書目》，載於《叢書集成新編》（台北：新文豐出版公司，1989年），冊4，頁44，卻未收《交友論》一書；而於此書目署字號之子類八中的太西人著述小類，收有《幾何原本》、《泰西水法》等七部西洋人的著作。

〔註74〕 無名氏：《近古堂書目》，載於《叢書集成新編》，冊3，頁366。

〔註75〕 祁承㸁：《澹生堂藏書目》載於《續修四庫全書》，冊919，頁638。

〔註76〕 錢謙益：《絳雲樓書目》載於《續修四庫全書》，冊920，頁404。

〔註77〕 徐乾學：《傳是樓書目》載於《續修四庫全書》，冊920，頁764。

〔註78〕 徐宗澤：《明清間耶穌會士譯著提要》（上海：上海書店，1989年），頁433。「徐匯書樓」即指上海徐家匯藏書樓所藏之中西等會士教友之書目。

〔註79〕 同上註，頁460。「華諦岡圖書館」即指羅馬梵諦岡圖書館所藏之中西等會士教友之書目。

〔註80〕 徐勃：《徐氏筆精》載於《景印文淵閣四庫全書》（台北：台灣商務印書館，1983年據國立故宮博物院藏本影印），第856冊，頁576。

〔註81〕 京都大學人文科學研究所編：《京都大學人文科學研究所漢籍目錄》（京

目錄三叢刻之屬

14.《靜嘉堂文庫漢籍分類目錄》〔註82〕子部，雜家類，雜學

15.《內閣文庫漢籍分類目錄》〔註83〕子部十三，釋家類，耶穌教

二、以「友論」為名收錄的有：

1.《寶顏堂祕笈》廣集

2.《廣百川學海》庚集

3.《說郛續》卷三十

4.《山林經濟籍》訓俗第四

5.《一瓻筆存》子部，儒家類

6.《古今圖書集成》交誼典卷十二，朋友部

7.《叢書集成新編》冊二十五，哲學類

8.（清）黃虞稷（1629～1691）：《千頃堂書目》〔註84〕卷十五，子部，類書類

9.（清）丁丙（1832～1899）：《八千卷樓書目》子部，雜家類

10.《日本東京大學東洋文化研究所漢籍分類目錄》〔註85〕子部，第十三釋家類，外教

11.《京都大學人文科學研究所漢籍目錄》〔註86〕叢書部，第一雜叢類，二明之屬

12.《內閣文庫漢籍分類目錄》〔註87〕叢書部五，雜叢類，宋元明屬

都：人文科學研究協會，1981年），頁348。收錄的為《天學初函》本。

〔註82〕靜嘉堂文庫編：《靜嘉堂文庫漢籍分類目錄》（東京：靜嘉堂文庫，1930年），收錄的為《天學初函》本。

〔註83〕內閣文庫編：《內閣文庫漢籍分類目錄》（台北：進學書局，1970年），頁314，收錄的為《天學初函》本。

〔註84〕黃虞稷：《千頃堂書目》（台北：廣文書局，1981年），頁1167、1172。收錄的為《寶顏堂祕笈》本。

〔註85〕東京大學東洋文化研究所撰：《日本東京大學東洋文化研究所漢籍分類目錄》（東京：汲古書院，1981年），頁659，收錄的為《寶顏堂祕笈》本、《說郛續》本及《叢書集成新編》本等三種版本。

〔註86〕京都大學人文科學研究所編：《京都大學人文科學研究所漢籍目錄》，頁763、770及788，收錄的為《寶顏堂祕笈》本、《廣百川學海》本及《說郛續》本等三種版本。

〔註87〕內閣文庫編：《內閣文庫漢籍分類目錄》，頁458、475、529、535等頁，主要收錄的為《寶顏堂祕笈》本、《廣百川學海》本及《說郛續》本、《山

　　由利瑪竇《交友論》一書，短短一卷，不過百條格言，就收錄於多種叢書、藏書目錄與在個人專著中被引用多次，可發現此書的觀念必爲明末清初的人們所重視，也首次讓中國士人知曉西方的交友觀及交友哲學，並流傳到受中國文化影響甚深的日本。

　　日人中村久次郎著在其文稿〈利瑪竇傳〉談及日本有不少學者於著作中引用《交友論》的文句，如：

> 「利瑪竇曰：友也爲貧之財，爲弱之力，爲病之藥焉。是的亞之俗，多得友者，稱之謂富也。嗟夫，旨哉言矣。」（藤原明遠：《盈進齋隨筆》，卷三，言論部交道）

> 「友道甚重，聖經賢傳中，於朋友之際，蓋悉矣。太西人利瑪竇，著《友論》曰：友也者，爲貧之財，爲弱之力，爲病之藥焉。是的亞俗，多得友者，稱之謂富，予最愛此語，竊謂足補聖經賢傳之所無。」（細川潤次郎：《吾園隨筆》，卷上）〔註88〕

> 「新井白石雖當德川時代嚴禁天主教時，其答朝鮮副使之質問，猶稱利氏《交友論》收於《廣百川學海》、《說郛》等書。」（《江關筆談》）〔註89〕

第四節　《交友論》之校讎

　　前人葉德祿及方豪，分別對《交友論》各個版本做過校讎與校補〔註90〕，筆者站在前人的研究基礎上，於本論文再次對《交友論》的單行及叢書本做一校讎，冀望能補前人之不足。

　　筆者以收錄於《天學初函・理篇》之《交友論》刻本爲底本，再以馮應京原刻本、《寶顏堂秘笈》本、《廣百川學海》本、《續說郛》本、《古今圖書集成》本等爲輔本；而《小窗別紀》本爲節本，《鬱岡齋筆塵》本爲刪潤本，《朱翼》本引十一條，《欽定四庫全書總目》卷一百二十五、子部雜家類存目二引有四則，

林經濟籍》本等四種版本。
〔註88〕藤原明遠與細川潤次郎二條引自（日）中村久次郎著、周一良譯：〈利瑪竇傳〉，頁76。
〔註89〕同上註，頁91。
〔註90〕即葉德祿：〈合校本交友論〉及方豪：〈利瑪竇交友論新研〉《方豪六十自定稿》（台北：台灣學生書局，1969年），頁1855～1857，這二篇論文。

徐勃之《徐氏筆精》僅引二條，皆作為輔本以校之；最後再參以葉德祿的合校本，並考證方豪之〈利瑪竇交友論新研〉對合校本之校補。〔註91〕

為方便作校註，以下各本皆以「簡稱」為之。底本《天學初函》簡作「天學」，作為輔本的馮應京原刻本簡作「馮刻」、《寶顏堂秘笈》簡作「秘笈」、《廣百川學海》簡作「學海」、《續說郛》簡作「續說」、《古今圖書集成》簡作「集成」；而《小窗別紀》簡作「別紀」，《朱翼》即作「朱翼」《鬱岡齋筆麈》簡作「筆麈」，《欽定四庫全書總目》簡作「四庫」，《徐氏筆精》簡作「筆精」，合校本簡作「合校」，〈利瑪竇交友論新研〉對合校本之校補簡作「新研」。下段起，由《交友論》內文之〈友論引〉校對起，再接其內文格言計一百條做校讎。

《交友論》

歐邏巴人　利瑪竇　譔

竇也，自最秘笈，最作大。馮刻，最作太西航海入中華，仰大明天子之文德，古先王之遺教，卜室嶺表，星霜亦屢易矣。今年春時，度嶺浮江，抵於金陵，觀上國之光，沾沾自喜，以為庶幾不負此遊也。遠覽未周，返棹至豫章，停舟南浦，縱目西山，玩奇挹秀，計此地為至人淵藪也，低回留之不能去，遂捨舟就舍，因而赴見建安王。荷不鄙，許之以長揖，賓序設體驩甚。王乃移席握手而言曰「凡有德行之君子辱臨吾地，未嘗不請而友且敬之，西邦馮刻、秘笈，作太西邦為道義之邦，願聞其論友道何如」？竇退而從述曩少所聞，輯成友道一帙，敬成於左。此〈友論引〉秘笈獨立作引，列於「高寄齋訂正友論」的前一葉；學海、續說、集成、別紀、朱翼、筆麈、筆精，皆無。筆麈僅闡述，將此書刪修著為一篇的情形。

1. 吾友秘集、學海、續說、集成，吾友之上有「利瑪竇曰」非他，即我之半筆麈刪此四字，乃筆麈改為即第二我也，故當視友為己焉。

2. 友之與合校、新研打成「於」，有誤。天學、馮刻、秘集，於作與我，雖有二身，二身之內，其心一而已。筆麈改作「我與彼二身也，二身之內，其心一而已，夫是謂之友」。朱翼將第一、二條，合併改作「友，乃第二我也。雖有二身，二身之內，其心一而已。」

3. 相須相佑，為結交之由。

〔註91〕筆者於中研院傅斯年圖書館申請影印匯堂石室藏本、紅格寫本等善本，因館方僅准申請影印一半以下，兩書皆僅印數頁，無法全文印下，故不列入校讎之用書。合校本無列《朱翼》本，筆者特放之入校讎的用書內。

4. 孝子繼父之所交友，如承別紀無承字受父之產業矣。筆麈改作「孝子繼父之友，如繼其產業焉」。朱翼改作「孝子繼父友，如受父產」。

5. 時當平居無事，難指友之眞僞，臨難之頃，則友之情顯焉。蓋事急之際，友之眞者益近密；僞者，益別紀作盡疏散矣。

6. 有爲之君子無筆麈在無字之上增「苟」字異仇，必有善筆麈改「良」友。※在某些條之句末，列有雙行小字爲其原注，有曰：（以下皆簡稱爲原注曰）「如無異仇以加儆，必有善友以相資。」秘集、學海、續說、集成、筆麈、別紀，此條刪原注。朱翼將幾條原注作爲正文之條目，如此條朱翼改作「有仇可以加儆，有友可以相資」。

7. 交友之先，宜察；交別紀無交字友之後，宜信。筆麈改作「未交之先宜察，既交之後宜信」。朱翼改作「交先宜察，交後宜信」。

8. 雖智者亦謬計己友，多乎實矣。原注曰：「愚人妄自侈口，友似有而還無；智者抑或謬計，友無多而實少。」集成凡原注雙行小字者，皆改作大字，由下行降一格刻之；以下皆同。

9. 友之饋友而望報，非饋也，與市易者等耳。筆麈改作「友之饋友而望報焉，非饋也，爲市焉耳矣」。朱翼改作「饋友望報，市易等耳」。

10. 友與仇，如樂與鬧，皆以和否辨之耳；故友以和爲本焉。以和，微業長大；以爭，大業消敗。原注曰：「樂則導和，鬧以失和，友（秘集、學海、續說、集成，友字之下有「相」字）和則如樂，友不和則如鬧。」

11. 在患時，吾惟喜看友之面，然或患或幸，何時友無有益，憂時減憂，欣時增欣。

12. 仇之惡以殘仇，深於友之愛以恩友，上二句筆麈改作「銜恨每深於懷恩，記仇常切於思友」。豈不驗世之弱於善，強於惡哉？

13. 人事情莫測新研多打「頗」字，爲「人事情頗莫測」，有誤。天學、馮刻、秘集，無頗字，友誼難憑秘集此二句同，而合校本卻寫「秘集作人情」及人事情「頗」莫測，多頗字，有誤；別紀作「夫事情」；上二句筆麈改作「人情叵測」；今日之友，後或變而成仇；今日之仇，亦或變而爲友，可不敬愼乎？末句筆麈改作「可不懼乎？可不愼乎？」；別紀刪「今日之仇，亦或變而爲友」二句。

14. 徒試之於吾幸際，其友不可恃也。原注曰：「脈以左手驗耳，左手不幸際也。」合校本將原注「左手驗耳」誤爲「又手驗耳」。

15. 既死之友，吾念之無憂合校本誤爲「秘笈憂作已」，實秘笈同。蓋在時，我有之如可失合校、新研誤爲「如何失」，各版皆爲「如可失」，及既亡，念之如猶在焉。

16. 各人不能全盡各事，故上帝命之交友，以彼此胥助，若使除其道於世者，人類必散壞也。別紀刪末尾二句。

17. 可以與竭露發予心，始學海、續說，始改「如」字爲知己之友也。

18. 德志相似，其友始固。原注曰：「又又也，双又耳；彼又我，我又彼。」

19. 正友不常，順友亦不常。逆友有理者，順之；無理者，逆之。故直言獨爲友之責矣。

20. 交友如醫疾然，醫者筆塵刪「者」字，誠愛病者，必惡其病也。彼以捄（按：應爲現今「救」字）筆塵及合校改爲「救」字病之故，傷其體、苦其口，醫者筆塵刪「者」字不忍病者之身，友者宜忍友之惡乎？諫之！諫之！何恤其耳之逆？何畏其額之蹙？

21. 友之譽及筆塵刪「及」字仇之訕，並筆塵改作「皆」字不可盡信焉。

22. 友者於友，處處時時一而已，誠無近遠、內外、面背，異言異情也。

23. 友人無所善我，與仇人無所害我秘集、學海、續說、集成，無第二個「我」字，等焉。筆塵改作「友之無所以善我，與仇之無所以害我，等耳」。

24. 友者過譽之害，較仇者過訾之害，猶合校、新研誤爲「尤」。天學、馮刻，尤作猶，筆塵改爲尤大焉。原注曰：「友人譽我，我或因而自矜；仇人訾我，我或因而加謹。」末二句，四庫改作「大於仇者過訾之害」。朱翼朱錄，僅猶改爲尤。

25. 視財勢友人者，其財勢亡，即退而離焉。謂既學海、續說、集成，既作「此」字不見其初友之所以然，則友之情遂渙也。學海、續說、集成，也作「矣」字。

26. 友之定，於我之不定事，試之可見矣。筆塵、別紀錄之，未刪改。

27. 爾爲吾之眞友，則愛我以情，不愛我以物也。學海、續說，無「我」字。

28. 交友使獨知利己，不復顧益其友，是商賈之人耳，不可謂友也。原注曰：「小人交友如放帳，惟計利幾何。」合校本誤爲放賑，天學實作「放帳」。

29. 友之物，皆與共。

30. 交友之貴賤，在所交之意耳，特據德相友者，今世得幾雙乎？

31. 友之所宜，相宥有限。原注曰：「友或負集成負作有罪，惟小可容。友

　　如犯義，必大乃棄。」

32. 友之樂多於義，不可久友也。

33. 忍友之惡，便以他惡爲己惡焉。

34. 我所能爲，不必望友代爲之。筆塵、別紀錄之，未刪改。

35. 友者，古之尊名。今出之以售筆塵改售作「鬻」，比之於貨筆塵改貨作「賄」，惜哉！別紀錄之，未刪改。

36. 友於昆倫邇，故友相呼謂兄，而善於兄弟爲友。

37. 友之益世也，大乎財焉。無人合校誤認秘笈把人作「以」，而秘笈實爲「人」愛財爲財，而有愛友特爲友耳。

38. 今也友既沒言，而諂諛者爲佞，則惟存仇人，以我聞眞語矣。

39. 設令我被害於友，非但合校誤認集成把但作「俱」，而集成實爲「但」恨己害，乃滋恨其害自友發矣。

40. 多有筆塵刪「有」字密友，便無密友也。四庫刪「也」字，筆塵也字作「矣」。合校誤將此句接於第三十九句之末。

41. 如我恆幸無禍，豈識友之眞否哉？合校誤將第四十一、四十二句順序顚倒，故認爲其他版本順序相反，實本身之誤。天學、馮刻、秘集，此條皆在「友之道」條前。筆塵改爲「吾幸而終身無禍患則終身不識友之眞僞也」。

42. 友之道甚廣闊，雖至下品之人，以盜爲事，亦必以結友爲黨，方能行其事焉。筆塵改爲「友之道廣矣，雖至不肖如盜，非友不能行焉」。

43. 視友如己者筆塵刪「者」，則邇者邇、弱者強、患者幸筆塵刪「患者幸」三字、病者愈，何必多言耶筆塵耶字作「哉」？死者猶生也。

44. 我筆塵改爲吾有二友，相訟於前筆塵相訟於前改爲「訟於吾前」，我不欲爲之聽集成無「聽」字判，恐一以我爲仇也；我筆塵改爲吾有二仇，相訟於前筆塵相訟於前改爲「訟於吾前」，我猶可秘集、學海、續說、集成，猶可作「可猶」爲之聽學海、續說，聽字爲空白格，無字。集成無「聽」字。合校誤認秘笈無聽字，實有之。判筆塵改爲「吾猶可聽而判之」，必一以我爲友也。

45. 信于仇者，猶不可失，況于友者哉？信于友，不足言矣。秘集、學海、續說、集成，于作於。

46. 友之職，至於義而止焉。筆塵錄之，未刪改。合校誤將此條列於四十五條之末。

47. 如友寡也，予寡有喜，亦寡有憂焉。

48. 故友爲美友，不可棄之也；無故以新易舊，不久即悔。

49. 既友，每事可同議定，然先須議定友。

50. 友於親，惟此長焉。親能無相愛，親友則否。蓋親無愛親，親倫猶在，除愛乎，友其友，理焉存乎？

51. 獨有友之業能起。

52. 友友之友，仇友之仇，爲厚友也。原注曰：「吾友必仁，則知愛人，知惡人，故我據之。」筆塵爲厚友也改爲「是爲厚友」；別紀錄之，未刪改。

53. 不扶友之急，則臨急無助者。筆塵、別紀錄之，未刪改。

54. 俗友者，同而樂多於悅，別而留憂；義友者，聚而悅多於樂，散而無愧。

55. 我能防備他人，友者安防之乎？聊疑友，即大犯友之道矣。

56. 上帝給人雙目、雙耳集成作雙耳、雙目、雙手、雙足朱翼雙手、雙足作「雙足、雙手」，欲兩友相助，方爲事有成矣筆塵從句首起改爲「天予人以耳目手足，無不兩而成身者，苟非兩友相助，事何由成乎」；別紀刪「方爲事有成矣」六字。「友字，古篆作又又，即兩手也，可有而不可無筆塵刪「可有而不可無」六字。朋字，古篆作羽，即兩羽也，鳥備之方能飛筆塵鳥備之方能飛改爲「人兩手始能握，鳥兩翼始能飛」。古賢者視朋友，豈不如此耶？」筆塵刪「耶」字。

57. 天下無友則無樂焉。

58. 以詐待友，初若可以籠人，久而詐露，反爲友厭薄矣。以誠待友，初惟自盡其心，久而誠孚，益爲友敬服矣。

59. 我先貧賤而後富貴，則舊交不可棄，而新者或以勢利相依；我先秘集將此二字，以小字平排富貴而後貧賤，則舊交不可恃，而新者或以道義相合。朱翼休合字以上，全錄友先貧賤而後富貴，我當察其情，恐我欲親友，而友或疏我也；友先富貴而後貧賤，我當加其敬，恐友防我疏，而自處於疏也。朱翼改作「友先富貴而後貧賤，我當加其敬；友先貧賤而後富貴，我當察其情」。

60. 夫時何時乎？順語生友，直言生怨。別紀錄之，未刪改。

61. 視其人之友如林，則知其德之盛；視其人之友落落如晨星筆精刪「如晨星」三字，餘未改皆錄，則知其德之薄。筆塵、別紀、朱翼錄之，未刪改。

62. 君子之交友難，小人之交友易；難合者，難散；易合者，易散也。

63. 平時交好馮刻亦作「好」。合校作「友」，誤，一旦臨小利害，遂爲仇敵，由其交之未出於正也；交既正，則利可分、害可共矣。

64. 我榮時，請而方來；患時，不請而自來，夫友哉！筆塵改爲「吾榮時，

招之始來；吾患時，不招自來，眞友哉」。別紀錄之，未刪改。

65. 世間之物，多各而無用，同而始有益也；人豈獨不如此筆塵此字改爲是字耶？

66. 良友相交之味，失之後，愈可知覺矣。別紀錄之，未刪改。

67. 居染廛而狎合校誤爲「押」染人，近染色，難免無污穢其身矣。交友惡人，恆聽視其醜事，必習之集成習下無「之」字而浼本心焉。別紀將「交友惡人」以下，做另一條目。

68. 吾偶合校誤爲「隅」候遇賢友，雖僅一抵掌而別，未嘗少無裨補，以洽吾爲善之志也。

69. 交友之旨無他，在彼善長於我，則我效習之；我善長學海、續說、集成，長作之於彼，則我教化之。是學而即教，教而即學，兩者互資矣。如彼善不足以效習，彼不善不可以變動，何殊盡日相與遊謔，而徒費陰影乎哉？筆塵改作「交友之旨無他，彼有善長於我，則我效之；我有善長於彼，則我教之。是學即教，教即學，互相資矣。向使彼（合校誤打爲「得」）善不足以效，彼不善不足以教，其與羣嬉以謔，而靡駒隙者，何以異哉？」原注曰：「無益之友，乃偷時之盜；偷時之損，甚於偷財，財可復積，時則否。」筆塵刪原注。

70. 使或人未篤信斯道，且修德尚危，出好入醜，心戰未決，於以剖釋其疑，安培其德，而救其將墜，計莫過於交善友。蓋吾所數聞、所數睹，漸透於膺，豁然開悟，誠若活法勸合校錄「歡」字於勸之上，引用其他版本之不當處。天學、馮刻、秘集，無歡字責吾於善也。嚴哉君子！嚴哉君子！時雖言語未及，怒色未加，亦有德威，以沮合校誤爲「阻」字不善之爲與？筆塵改作「有人於此，信道未篤，執德未固，出好入醜，心戰而未決，如欲剖其疑，培其德，而援其將墜，計莫過於交善友。蓋吾所數聞、所數見，漸透於膺，豁然開悟，如行霧露之中，能免沾濡乎？嚴哉君子！嚴哉君子！時雖言語未及，聲色未加，亦有德威，以潛沮其邪心，而消其戾氣矣。」

71. 爾不得用我爲友，而均爲嫵媚者。

72. 友者相褒之禮，易施也。夫相忍，友乃難矣。然大都友之皆感稱己之譽，而忘忍己者之德。何歟？一顯我長，一顯我短故耳。

73. 一人秘集、學海、續說、集成，一人作人人不相愛，則耦不爲友學海、續說，友字作及。

74. 臨當用之時，俄識其非友也，愍矣！

75. 務來新友，戒毋_{集成毋作無}誼舊者。

76. 友也，為貧之財，為弱之力，為病之藥焉。_{筆塵將此條，列在「國家可無}武庫」條之後。別紀錄之於最後一條，未刪改。朱翼少末尾之「焉」字，餘全錄。

77. 國家可無財庫_{筆塵改為「國家可無武庫」，}而不可無友也。_{筆塵刪也字；將此}條，列在「世無友」條之後。

78. 仇之饋，不如友之棒也。_{朱翼全錄，未刪改。}

79. 世無友，如天無日，如身_{筆塵將此二字，改作「人」一}字無目矣。_{朱翼全錄，}未刪改。

80. 友者，既久尋之，既少得之，既難存之；或離於眼，即念之於心焉。

81. 知友之益，凡出門會人，必圖致交一新友，然後回家矣。_{筆塵改作「知}友之益者，凡出門，必獲一新友而後歸，而後不為走出也。」

82. 諛諂_{馮刻、秘集等各版本作「諛諂友」，}非友，乃偷者；偷其名而僭之耳。

83. 吾福祉_{馮刻、秘集作「祉」。合校作趾，顯誤。學海、續說、集成，作社。}所致友，必吾災禍避之。

84. 友既結成，則戒一相斷友情。情一斷，可以姑相著，而難復全矣。玉器有所黏，惡於觀，易散也，而寡有用耶。

85. 醫士之意，以苦藥瘳人病；諂友之向，以甘言干人財。_{秘集、學海、續}說，干人財作「長人忿」。

86. 不能友己，何以友人？_{合校此條誤植於第八十五條之末。}

87. 智者欲離浮友，且漸而違之，非速而絕之。

88. 欲於_{馮刻亦作於。合校誤作「與」。秘集、學海、續說、集成，於作以}眾人交友則繁焉，余竟無冤仇，則足矣。

89. 彼非友，信爾，爾不得而欺之。欺之，至惡之之效也。

90. 永德，永友之美餌矣。凡物無不以時久為人所厭，惟德彌久，彌感人情也。德在仇人猶可愛，況在友者歟？

91. 歷山王_{原注曰：「大西域古總王」馮刻作「大西洋」。學海、續說、集成，大}西域作「大西城」值事急，躬入大陣。時有弭臣止之曰：「事險若斯，陛下安以免身乎？」王曰：「汝免我於詐友，且顯仇也，自乃能防之。」

92. 歷山王亦冀_{集成冀作喜}交友，賢士名為善諾，先使人奉之以數萬金。善諾怫_{集成怫作怖}而曰：「王睨吾以茲，意吾何人耶！」使者曰：「否也，王知夫子為至廉，是奉之耳。」曰：「然則當容我為廉已矣！」而麾

之不受。史斷之曰：「王者欲買士之友，而士者毋賣之」。筆塵改作「歷山王（小注曰：太西古總域王）求友賢士善諾，而使人先之以金萬鎰。善諾怫然曰：「此何爲而至我，王以我爲何人哉？」使者曰：「不也，王知夫子廉，故以此爲夫子壽。」善諾曰：「然則當容我爲廉已矣！」而麾之不受。於是國人爲之語曰：「王以重貲購士爲友，而士弗售也。」

93. 歷山王未得總位秘集、學海、續說、集成，位作值時，無國庫；凡獲財，厚頒給與人也。有敵國王學海、續說，王字爲空白。集成無「王」字富盛，惟事務充學海、續說，充作志庫，之曰：「足下之庫在於何處？」曰：「在於友心也。」

94. 昔年有善待友而豐惠之，將盡本家產也，傍人或問之曰：「財物畢與友，何留於己乎？」對曰：「惠友之味也。」原注曰：「別傳對曰：『留惠友之冀也』。意俚秘集俚作似異而均學海、續說、集成，俚作愧美焉集成末無焉字。」

95. 古有二人同行，一極富，一極貧，或曰：「二人爲友至密矣。」寶法德原注曰：「古者名賢」合校刻有『筆精作「古之名賢」』，筆精實無任何原注，有誤。聞之曰：「既然，何馮本、集成無「以」字一爲富者，一爲貧者哉？」原注曰：「言友之物，皆與共也。」四庫此句節爲「二人爲友，不應一富一貧」，筆塵改爲「有二人同行者，一富而一貧，或曰：「此二人爲友至密矣。」寶法德曰：「審爾，何謂一富而一貧哉？」筆塵刪去「言友之物，皆與共也。」、「古者名賢」二原注。

96. 昔有人求其友以非義事，而不見與之，曰：「苟爾不與我所求，何復用爾友乎？」彼曰：「苟爾求我以非義別紀無「義」字事，何復用爾友乎？」筆塵改爲「有以非義事求諸友，而友弗從，其人曰：「爾弗從求我所求，何復用爾友乎？」友曰：「爾以非義事求我，何復用爾友乎？」

97. 西土之一先王，曾交友一士，而腆養之於都中，以其爲智合校作至，爲誤。各版本皆爲智賢者，日曠弗見陳諫，即辭之曰：「朕乃人也，不能無過，汝莫見之，則非智士也；見而非合校作弗，爲誤。各版本皆爲非諫，則賢友也。」先王弗集成弗作勿見諫過，且如此，使值近時文飾過者，當何如？

98. 是的亞原注曰：「是（筆塵刪是字）北方國名」俗，獨多得友筆塵多得友改作得友多者，稱之謂筆塵改作爲富也。

99. 客力所原注曰：「西國王名（集成作西王國名）」以匹夫得大國。有賢人

筆塵人字改「者」問得國之所行大旨筆塵「問得國之所行大旨」改作「其何以得國」，答曰：「惠我友，報我仇。」賢筆塵在賢字之下增「者」字曰：「不如惠友而用恩，俾筆塵俾改作致仇爲友也。」

100. 墨臥皮原注曰：「古聞士（秘集、學海、續說、集成，士作上者。筆塵作「古之聞士。」）者」折開大筆塵改作「析安」，合校將筆塵改的誤爲僅改「安」一字石榴。或人筆塵刪人字問之曰：「夫子何物，願獲如其子之多耶？」曰：「忠友也。」集成於此條注曰：「友論乃西域文法，辭多費解。」

萬曆二十三年歲次乙未三月望日。馮刻無「日」字；望字下有「大西洋修士利瑪竇集」九字。秘集望日之下有「大西域山人利瑪竇集」九字。學海、續說，刪此行。天學在日字之下，無任何字。

由各版本的校讎可知，天學與馮刻相差之處甚少，故較受前人，如葉德祿、方豪所重視。筆者以天學本爲底本之因，實乃李之藻爲教內知名文人，其與利瑪竇過從甚密，有共同譯書籍之經驗，故所刻之天學本較具參考價值；而馮刻本爲年初之本子，距利氏成此書時間甚近，且馮爲此書作序，故馮刻本亦極爲重要。當葉氏在做合校本時，因未見德禮賢印下之馮刻本，故無法於合校本中一併作對讎。

秘集本在一般認定上，作爲較粗糙之本子，但以作爲校讎《交友論》一書的輔本來看，筆者並不覺得粗糙，其版式甚優，如內文過長換行後降一格、原注以小字雙行呈現、刻工講究、錯誤字亦少，其內文一百條的內容與天學本相差不多，故亦是一不錯的輔本。

學海本與續說本，在版式及內容上完全相同，只是學海本在第二行刻「大西域利瑪竇集」之下多了「陳燁然校閱」與正文末行之首刻有「友論終」等二處，其他皆相同，故此二本實際上應視作同一種版本。

合校本乃第一個將《交友論》作校訂的版本，具有開創之風，但筆者校讎各版本後發現，葉氏誤認某些版本所刻，或是某些條目竟列在上一條之末而未獨立計條，若不仔細比對，僅見其總數計九十七條，實因有三條被列入上一條之下而未察。更有甚者，其以天學本爲主本，但校訂後卻以其他輔本的文字做爲考證後的條目，錯誤約十來處之多，但學者多未察，僅方豪作有「葉德祿合校本交友論校補」一小節，但未全部挑出葉氏之誤，僅列出除葉氏指稱之外，馮刻本加入校讎的情形，筆者已於上文做過詳細的比對，確認各版本之差異。

筆塵與朱翼頗多刪修，別紀更動較少、多爲全錄之，一併列入附記之。

第四章 《交友論》析論（下）

第一節 《交友論》疑義綜合論述

一、對前人版本研究的回顧與探索

據方豪的好友葉德祿於民國三十七年的一篇文章〈合校本交友論序例〉〔註1〕可知，民國二十三年時，陳援菴（陳垣，1880～1971）爲輔仁大學夏令會講〈從教外典籍見明末清初之天主教〉〔註2〕有云：「利瑪竇以西說著《友論》，除單行本外，教外人翻刻者，以予現在所知，有：《寶顏堂秘笈》、《一瓻筆存》、《廣百川學海》、《小窗別紀》、《山林經濟籍》、《續說郛》、《堅瓠秘集》、《鬱岡齋筆塵》等八本，教士著述爲教外人所翻刻者，鮮有若是之眾者也。」但葉氏於〈合校本交友論序例〉即指出《一瓻筆存》收有《友論》，「見沈乾一《叢書書目匯編》，此陳先生之所本也」〔註3〕；而他亦強調《堅瓠秘集》根本不載《交友論》，認爲乃清朝禁教時所刪。再者，從《中國叢書廣錄》裡，可翻查出《山林經濟籍》之訓俗第四收有《友論》〔註4〕，這類查找叢書所收書之工具書，應爲前人查找之所據。

〔註1〕 葉德祿：〈合校本交友論序例〉《上智編譯館館刊》，3 卷 1 期，（1948 年 1 月），頁 14～15。

〔註2〕 陳垣：〈從教外典籍見明末清初之天主教〉《國立北平圖書館館刊》，8 卷 2 期，1934 年 3 月，頁 29。

〔註3〕 葉德祿：〈合校本交友論序例〉，頁 14。

〔註4〕 陽海清編撰：《中國叢書廣錄》，頁 143，此《山林經濟籍》的版本爲明萬曆惇德堂刻本。

　　民國五十八年，方豪先生在其一篇論文〈利瑪竇交友論新研〉〔註5〕也談到，《交友論》有收錄於（清）褚人獲的《堅瓠秘集》及（明）屠本畯的《山林經濟籍》這二部叢書中；但經實際翻查，《堅瓠秘集》裡並無收錄《交友論》，不知陳援菴先生所據本為何；而筆者能找到的《山林經濟籍》，亦未著錄《交友論》〔註6〕。但方豪先生卻在二十年後於他的著作《方豪六十自定稿》繼續延用了陳援菴先生〈從教外典籍見明末清初之天主教〉錯誤的說法，誤認《堅瓠秘集》載有《交友論》。筆者發現目前兩岸及歐美學者，於各專書著作或單篇論文提到《交友論》的版本時，幾乎皆直接引用方豪先生的論述，而無實際查核是否真有收錄，或做過任何討論及深入的探究；在《交友論》的單行本方面，更只有日本學者中村久次郎提及「閩中欽一堂本（日本內閣文庫藏本）及朱廷策校本（文求堂漢籍目錄大正五年三月刊行）」〔註7〕二本，此一現象已延續數十年，殊為可惜。管庭芬的稿本《一瓻筆存》僅存於大陸天津圖書館，已委請指導教授林慶彰老師，託大陸天津社會科學院趙沛霖教授尋覓中，但目前尚無法見到此本，不知選用《友論》百條抑或僅是個節本。

二、《交友論》確切成書時間之考證

　　筆者對《交友論》確切的完稿日期，有一番探索，以補前人之不足。《交友論》的正文文末之落款日期為「萬曆二十三年三月望日」（農曆15號），以中西歷對照表比對，此書乃成於1595年4月24日，鄒振環在其〈利瑪竇《交友論》的譯刊與傳播〉支持此成書日期。但參照張奉箴《利瑪竇簡略年譜》與方豪〈利瑪竇交友論新研〉，得知利氏4月18日離韶州去南京，6月28日（農曆5月21日）才抵南昌〔註8〕，8月起才與建安王朱多𤏐會宴。

〔註5〕　方豪：〈利瑪竇交友論新研〉《方豪六十自定稿》（台北：台灣學生書局，1969年），頁1849～1853。

〔註6〕　筆者所找二個叢書的版本是：收錄於續修四庫全書編纂委員會編：《續修四庫全書》（上海：上海古籍出版社，1995年），子部小說家類的《堅瓠秘集》（含查找補、餘等集）；收錄於北京圖書館古籍出版編輯組編：《北京圖書館古籍珍本叢刊》第24冊，（北京：書目文獻出版社，1988年），《山林經濟籍》是根據悖德堂刊本影印。

〔註7〕　（日）中村久次郎著、周一良譯：〈利瑪竇傳〉，頁22。此部份已於《交友論》之版本的單行本一節提及。

〔註8〕　利瑪竇著，羅漁譯：《利瑪竇書信集》，頁176，1595年10月28日於南昌〈利氏致耶穌會某神父書〉指出「在聖伯多祿聖保祿節前夕（六月二十八日）來到南昌。」

因爲利氏與建安王相互會宴多次，禮尚往來後建安王才問及歐洲之交友觀，故利氏方退而輯成《交友論》，由利氏自撰的《友論》引，可證實此情形，「王乃移席握手而言曰，凡有德行之君子辱臨吾地，未嘗不請而友且敬，太西邦爲道義之邦，願聞其論友道何如？竇退而從述曩少所聞，輯成友道一帙」。〔註9〕再從利氏寄予歐洲神父的信亦可驗證此事，不論各種書面記錄皆與利氏《交友論》文末的落款日期有所出入，即此書乃是利氏到南昌與建安王交友後才成書的〔註10〕，成書日期怎麼會比到南昌日期更早約二個月呢？比與建安王會面早上四個月呢？令人百思不解。

而方豪於其〈利瑪竇交友論新研〉中認爲，利氏的落款日期「萬曆二十三年三月望日」，應爲十一月望日之誤，合陽曆爲十二月十五日；方豪又從1595年11月4日於南昌〈利氏致羅馬總會長阿桂委瓦神父書〉的信件中，因未讀到《交友論》這三個字，即推定此書應成於11月4日之後，故而認爲《交友論》之成書時間約於陽曆11月4日至12月15日之間。〔註11〕

方豪於其另一單篇論文指出，「1952年，德禮賢氏在『傳教學研究』第七卷（Studia Missionalia, vol.VII）發表義大利文「利瑪竇第一部漢文書交友論考」（Il Trattato sull'Amicizia：Primo Libro scritto in cinese da Matteo Ricci S. I.）……按拙文訂正其失者有：……（3）德氏原文第454頁，謂《交友論》當撰於11月4日至12月31日之間」。〔註12〕

筆者由利氏的書信中譯本比對，不贊同方豪先生的推論，亦不認同德禮賢先生論定的成書時間。筆者從書信的時間點與內容仔細分析的結果，《交友論》應成書於陽曆的1595年8月之後至同年的10月28日之前〔註13〕，因成

〔註9〕四庫叢書編委會：《四庫全書存目叢書》，子部，冊93，頁504。
〔註10〕同上註，冊93，頁503。可從瞿汝夔於1599年的〈大西域利公友論序〉其中一小段，「抵豫章，撫臺仲鶴陸公留之駐南昌，暇與建安郡王殿下論及友道，著成一編」，確知利氏到南昌與建安王會談，被問及友道，才回寓所著《交友論》，故成書時間不可能在到南昌之前。
〔註11〕方豪：〈利瑪竇交友論新研〉，頁1850。
〔註12〕方豪：〈故義大利漢學家德禮賢著作正誤〉《方豪六十自定稿》，頁1730～1731。
〔註13〕利瑪竇著，羅漁譯：《利瑪竇書信集》，頁189，1595年10月28日於南昌〈利氏致高斯塔神父書〉指出「我和建安王的交往，因時間不多，僅述其大綱。當首次我拜訪他時，他讓我靠近他而坐，以待貴顯之人之禮待我；後來再去拜訪他，一次比一次更客氣有禮……我所製作的日晷上附有黃道帶十二宮與其距離，還用中文書寫了一些美麗的倫理格言……我刻印了很多份，以便贈送給朋友。」這是利氏第一次於信中提及《交友論》，但尚

書時間的驗證結論與德氏與方氏不同，故必須於本論文內做詳盡之說明。

三、《交友論》名稱確定之時間

利瑪竇《交友論》之成書時間爲明萬曆二十三年（1595），但初期是《交友論》、抑或是《友論》，何時定名爲「《交友論》」的？在上一小節《交友論》成書時間之考證的附註，筆者從利瑪竇著、羅漁譯的《利瑪竇書信集》內三封信，知道他到 1596 年才正式稱書名爲《交友論》；但這乃羅漁先生所譯的中文書名，事實上於 1596 年，利氏及當時之士人是否即以《交友論》來稱此書，證據尚顯不足。

在趙用賢編著之《趙定宇書目》〔註14〕，此書目就《書目類編》對它的說明可知，爲「趙用賢撰，自紀所藏書目」，但趙氏至萬曆二十四年即過逝，與《交友論》成書時間僅隔一年；趙爲江蘇常熟人，且記其所收的書名爲「《交友論》一本」，即知此書當時已有人稱之爲《交友論》，且已流通至江蘇了，這是用中文最早定此書爲《交友論》者，歷來大儒無人論及此書目收有《交友論》。

1601 年正月，馮應京有〈刻交友論序〉，曰：「付之剞劂，冀觀者知京重交道，勿忍見棄。……《交友論》凡百章，藉以爲求友之贄」。〔註15〕此乃《交友論》一書定名之始，後人即以馮氏定之名《交友論》，爲此書的代表名稱，現今學者亦多持此見，如鄒振環：〈利瑪竇交友論的譯刊與傳播〉、朱維錚：《利瑪竇中文譯著集》及平川祐宏著，劉岸傳等譯《利瑪竇傳》等。

第二節　《交友論》內容評析

本書共一卷，計一百條短語，約共三千五百字，爲利瑪竇應明朝宗室建

無直接稱其書名。可再參見同書，頁 212～213，1595 年 11 月 4 日於南昌〈利氏致羅馬總會長阿桂委瓦神父書〉指出「建安王視我爲他最好的朋友……。幾天前，我贈送他一架石製日晷，極爲美觀，上附有一些用中文書寫的西歐倫理格言，刻工不錯。」從此信亦未見其書名。隔年才可見到利氏再提及《交友論》被建安王等非常重視，參見頁 231，1596 年 10 月 13 日於南昌〈利氏致羅馬總會長阿桂委瓦神父書〉指出「去年曾致力用中文試撰《交友論》一書」，從利氏的原始信件的譯本可知，《交友論》應成書於陽曆的 1595 年 8 月之後至同年的 10 月 28 日之前。

〔註14〕趙用賢編著之《趙定宇書目》載於嚴靈峰編輯：《書目類編》（台北：成文出版社，1978 年），冊 29，頁 104。

〔註15〕四庫叢書編委會：《四庫全書存目叢書》，子部，冊 93，頁 502～503。

安王朱多㸅之請求，向中國人展示西方的友誼觀，在明末奉儒家的四倫而輕友誼的倫理系統中，《交友論》使士大夫相信，在遙遠的西方國家有著獨特對友誼的見解，甚至有些還在中國聖人的認識之上。在《方豪六十自定稿・利瑪竇交友論新研》特別提到，《交友論》這本書採錄了蘇格拉底《戒借貸》、柏拉圖《律息斯篇》、亞里斯多德《倫理學》、第奧杰納斯《論朋友與奸人》、奧古斯汀《懺悔錄》、西塞羅《論友誼》等西方哲學名家彙集而成〔註16〕，因方豪先生已對《交友論》一百條的條文，逐條說明源自西方哪些名哲的書或格言，故筆者在此不再重複《交友論》的源頭出處，逕行參考方豪先生的文章即可。

而鄔振環在〈利瑪竇《交友論》的譯刊與傳播〉 指出，「法國學者榮振華認為在《交友論》中，利瑪竇不僅使用了歐洲人的著作，也使用了《詩經》、《論語》、《禮記》等漢文經典……。榮振華的結論是，《交友論》實際上是基督教與儒教的結合物」。〔註17〕筆者特將順序重組、以類相歸，不打上序號，寫下原文句子予以說明並加入自己的闡述。〔註18〕

一、友之真諦

- 吾友非他，即我之半，乃第二我也，故當視友為己焉。
- 友之與我，雖有二身，二身之內，其心一而已。
- 上帝給人雙目、雙耳、雙手、雙足，欲兩友相助，方為事有成矣。〔註19〕
- 視其人之友如林，則知其德之盛；視其人之友落落如晨星，則知其德之薄。

〔註16〕方豪：〈利瑪竇交友論新研〉，頁 1857～1870。

〔註17〕鄔振環：〈利瑪竇《交友論》的譯刊與傳播〉，頁 51，作者深入分析利瑪竇《交友論》理論的來源，此乃該文一部份之節錄。

〔註18〕本文以天學初函本之《交友論》，載於四庫叢書編委會：《四庫全書存目叢書》（台南縣：莊嚴文化出版社，1997 年），子部，卷 93 為底本。再參以寶顏堂祕笈本之《友論》，載於《百部叢書集成》（台北：藝文印書館，1971 年），冊 18，以此二本為主。內容解析主要參考平川祐宏著，劉岸傳等譯：《利瑪竇傳》；（明）馮可賓：《廣百川學海叢書彙編，卷 134》明末刊本（國圖善本書室微卷之重點眉批、說明）。再節錄選取《交友論》較重要之文句以闡述之。

〔註19〕在此條之句末，列有雙行小字為其原注，曰：（以下皆簡稱為原注曰）「友字，古篆作又又，即兩手也，可有而不可無。朋字，古篆作羽，即兩羽也，鳥備之方能飛。古賢者視朋友，豈不如此耶？」

　　利瑪竇於本書開宗明義地對「友」下定義，使人對其闡述之明確與脈絡清晰印象深刻，無怪乎明末人們對其書其人深感興趣，因而聲名大燥。亞里士多德在《倫理學》有言：「友應視友如己，蓋友爲第二我也」。〔註20〕「友」字古篆作又又，即兩手也，意爲互助；「朋」字古篆作羽，即兩個翅膀，鳥要一雙才能起飛。所以朋友與自己可視爲各半，組合才能爲一，雖然各有各的軀體，但友之心爲一。上帝給人的器官很多都是成雙成對的，亦即要人學會互助，才能有所成就。論語有云：「德不孤，必有鄰」，即有德者必不寂寞。

- 相須相佑，爲結交之由。
- 時當平居無事，難指友之眞僞，臨難之頃，則友之情顯焉。蓋事急之際，友之眞者益近密；僞者，益疏散矣。
- 不扶友之急，則臨急無助者。
- 友者於友，處處時時一而已，誠無近遠、內外、面背，異言異情也。

　　「出外靠朋友」，這是指人在社會生活，都需要友朋不時相互協助、支援的。英語中有一段諺語如此說：「A friend in need is a friend indeed.」患難見眞情，就是這個意思。朋友有難時若不幫他，則自己有難時，別人可能也不會協助你。做爲一個朋友，在任何時、地，對你應該始終如一，不會在你的面前與背後有所差異。而孔子也重視君子坦蕩的胸襟：「二三子以爲爲隱乎？吾無隱乎爾。吾無行而不與二三子者，是丘也。」

- 交友之先，宜察；交友之後，宜信。
- 雖智者亦謬計己友，多乎實矣。〔註21〕
- 各人不能全盡各事，故上帝命之交友，以彼此胥助，若使除其道於世者，人類必散壞也。
- 德志相似，其友始固。〔註22〕

　　而與人交友貴乎誠信，但也是應先了解此人眞僞善惡，但若成了朋友，就要眞的信任他。馬也偶有失蹄，人總有愚蠢之時，故能結交更多善友則佳。人不能獨自存活於世，所以上帝要人們相互幫助，若友道皆敗壞，則人類社會就不好了。與品德志趣相近者爲友，其友誼較能長存，即同類相聚之意。

〔註20〕亞理士多德著，苗力田譯註：《倫理學》，頁53。
〔註21〕原注曰：「愚人妄自侈口，友似有而還無；智者抑或謬計，友無多而實少。」
〔註22〕原注曰：「又又也，双又耳；彼又我，我又彼。」

信包括信用、信任及不疑，是忠誠的發展、延續。子曰：「與朋友交而不信乎？」「人而無信，不知其可也。」也與利瑪竇之觀念不謀而合。

二、友與仇

● 既死之友，吾念之無憂。蓋在時，我有之如可失，及既亡，念之如猶在焉。

● 正友不常，順友亦不常；逆友有理者，順之；無理者，逆之。故直言獨爲友之責矣。

● 交友如醫疾然，醫者，誠愛病者，必惡其病也。彼以抹（按：應爲「救」字）病之故，傷其體、苦其口，醫者不忍病者之身，友者宜忍友之惡乎？諫之！諫之！何恤其耳之逆？何畏其額之蹙？

● 忍友之惡，便以他惡爲己惡焉。

● 有爲之君子無異仇，必有善友。〔註23〕

● 欲於眾人交友則繁焉，余竟無冤仇，則足矣。

朋友在時，就要用心相交才不致死後懊悔。能正直直言你的缺失及都順服聽從你的友人，往往無法長久交往下去；若朋友指正你缺失屬，應聽從他；若根本是無理的，就不要理會他。所以能告知你缺失、指點迷津，是爲朋友之責任。交朋友有如醫治疾病，誠如諺語所言：「良藥苦口利於病」。朋友見到你的缺失，應該直言而不怕你生氣才是。有英雄之舉的人，不是將自己推上頂峰而樹敵無數，就是擁有眞的能協助你的友人。我與很多人爲友，然而卻沒樹立什麼仇人，如此做人處世就夠了。

● 友之譽及仇之訕，並不可盡信焉。

● 友者過譽之害，較仇者過訾之害，猶大焉。〔註24〕

● 友人無所善我，與仇人無所害我，等焉。

● 人事情莫測，友誼難憑；今日之友，後或變而成仇；今日之仇，亦或變而爲友，可不敬愼乎？

● 仇之惡以殘仇，深於友之愛以恩友，豈不驗世之弱於善，強於惡哉？

朋友對你的誇獎讚美及仇人對你的漫罵批評，都不用過度相信、在意。但朋友對你過度讚美，往往會使你昏了頭而自矜，比仇人一直罵你反而使你小心謹愼，造成之傷害更大！而朋友對你沒任何助益與仇人對你沒任何傷

〔註23〕原注曰：「如無異仇以加儆，必有善友以相資。」

〔註24〕原注曰：「友人譽我，我或因而自矜；仇人訾我，我或因而加謹。」

害，那這種朋友與仇人就幾無分別了。〔註25〕但俗話說的好：沒有永遠的朋友，也沒有永遠的敵人，人心難測，與人交友還是要小心。而仇恨往往比友情強烈不知多少倍，所以更要小心由友情反過來變仇人的殺傷力。

三、真友與假友

● 友之饋友而望報，非饋也，與市易者等耳。

● 視財勢友人者，其財勢亡，即退而離焉。謂既不見其初友之所以然，則友之情遂澳也。

● 爾為吾之真友，則愛我以情，不愛我以物也。

● 交友使獨知利己，不復顧益其友，是商賈之人耳，不可謂友也。〔註26〕

● 友之物，皆與共。

● 古有二人同行，一極富，一極貧，或曰：「二人為友至密矣。」竇法德〔註27〕聞之曰：「既然，何以一為富者，一為貧者哉？」〔註28〕

以上幾句皆闡述真友情與物所有關的假友誼。友誼乃無價的，幫助朋友就不該強求他也一樣反過來對你，而是自然的互助互惠。因你有錢有勢才與你為友，等財勢皆無後必將離你而去，然而真的朋友是與你交心的，而不是與你的錢相交的。朋友只在乎自身的利益有無而不論及你的，這種人只是商人，不是真朋友。真的朋友，能把自己的財物與你共用而不計較。利瑪竇認為，真的好友要有通財之義才是，但四庫全書對此有所薄言，畢竟與中國之傳統文化相差太多，本人也不怎麼認同，「救急不救窮」乃中國社會一般之共識吧。

● 友之樂多於義，不可久友焉。

● 我所能為，不必望友代為之。

● 友者，古之尊名。今出之以售，比之於貨，惜哉！

● 友於昆倫邇，故友相呼謂兄，而善於兄弟為友。

說明了利瑪竇甚重朋友的德與義。若友誼是出自遊樂而非來自理性道

〔註25〕平川祐宏著，劉岸傳等譯：《利瑪竇傳》，頁245，朋友對你無助益與仇人不加害於你，視為相同，這話從利神父口中道出，真有些功利的味道，但的確是成功者不得不為的人事現實。

〔註26〕原注曰：「小人交友如放帳，惟計利幾何。」

〔註27〕平川祐宏著　劉岸傳等譯《利瑪竇傳》，頁263，竇法德意大利文為Teofrasto，乃古希臘聖賢名人。竇法德之後，其原注曰：「古者名賢」。

〔註28〕原注曰：「言友之物，皆與共也。」

義，則不可能長久。能自己做的，不要麻煩朋友。朋友這個名稱，古自有之且甚尊貴，今日用物質來衡量它，殊爲可惜呀！朋友間的關係如同兄弟間的相似，所以朋友間常會「稱兄道弟」。兄弟間的關係，也就像好朋友之間一樣的親近。子曰：「君子以義爲質。」就是把義視爲做人之根本。

- 多有密友，便無密友也。
- 如我恆幸無禍，豈識友之眞否哉？
- 友之道甚廣闊，雖至下品之人，以盜爲事，亦必以結友爲黨，方能行其事焉。
- 視友如己者，則遐者邇、弱者強、患者幸、病者愈，何必多言耶？死者猶生也。
- 臨當用之時，俄識其非友也，慇矣！

密友過多則浮濫了，眞有事可能都幫不上忙。「此洞悉物情者也」〔註29〕。若從未遇到需友迫切之時，則無法斷定熟爲眞友，熟爲假友。能得到一個值得信賴的好友，可吐露心情、祕密的人，也就是多了另一個自己。而就算是盜賊也是要朋友的，甚能觀察人性的利瑪竇，在論友情時，不忘其結黨的另一側面。〔註30〕當你眞的需要朋友時，才知道他根本不是你的友人，那時眞的會昏過去了。

- 我有二友相訟於前，我不欲爲之聽判，恐一以我爲仇也；我有二仇相訟於前，我猶可爲之聽判，必一以我爲友也。
- 信于仇者猶不可失，況于友者哉？信于友，不足言矣。
- 如友寡也，予寡有喜，亦寡有憂焉。
- 故友爲美友，不可棄之也；無故以新易舊，不久即悔。

人心實在難測，尤其在二方爭執時更如此，故雖身爲傳教士，但利瑪竇對人之常情卻甚爲清楚，不欲爲爭執雙方之流矢所傷而失去了任何一方的友人。對於仇人也要遵守承諾、守信用，更何況是好朋友呢？朋友很少的人，無人可分享喜悅、分擔憂愁。而朋友以老友最佳，不要喜新厭舊，必竟長久的友誼難得，任意棄置必會後悔。

- 君子之交友難，小人之交友易；難合者，難散；易合者，易散也。

〔註29〕平川祐宏著，劉岸傳等譯：《利瑪竇傳》，頁264，因視友太易之故，易來的也易去也。
〔註30〕同上註，頁251，利瑪竇雖爲脫俗之神父，但卻能明瞭人性結黨營私之陰影面，因了解人性方能爲人服務。

- 平時交好，一旦臨小利害，遂爲仇敵，由其交之未出於正也；交既正，則利可分、害可共矣。

- 我榮時，請而方來；患時，不請自來，夫友哉！

- 我先貧賤而後富貴，則舊交不可棄，而新者或以勢利相依；我先富貴而後貧賤，則舊交不可恃，而新者或以道義相合。友先貧賤而後富貴，我當察其情，恐我欲親友，而友或疏我也；友先富貴而後貧賤，我當加其敬，恐友防我疏，而自處於疏也。

論語曰：「君子之交淡如水，小人之交甜如蜜。」君子以義而合所以較難，而小人以利而合所以較易。如果因爲一些小利害就翻臉，那不是眞的朋友，因其與你一開始交往就不是以義爲出發點。我發達後要不斷邀請才來的人，或是我有難時自動前來協助的人，才是我眞正的朋友。中國有句老話如此說：「貧在路邊無人問，富在深山有遠親。」正說明了人情冷暖，雪中送炭方是眞友，而錦上添花的人往往是靠不住的。朋友發達或落魄時，對他的態度要格外小心謹愼，免得他有不當的聯想。

四、友之助益

- 獨有友之業能起。

- 友友之友，仇友之仇，爲厚友也。〔註31〕

- 天下無友則無樂焉。

- 世間之物，多各而無用，同而始有益也；人豈獨不如此耶？

只有交了好朋友的人，他的事業才有可能一直發展下去，意味沒人可以一直單打獨鬥擁有一番大事業的。朋友的朋友，也就是我的朋友，而他不喜歡的人，同樣的，我也不會喜歡。〔註32〕所以，朋友是我們人生不可或缺的生存要素，擁有了他們，生命充滿喜悅與色彩！世上的物品甚多，若只是單獨一個一個，可能沒什麼作用；但聚集起來，聚沙成塔、團結力量大，可能就有很多好處了。如「數大就是美」，同樣的東西集合一起、數量大就很裝觀驚人。人也是一樣的呀！子曰：「有朋自遠方來，不亦樂乎？」也是說明了朋友對人生的重要性。

- 良友相交之味，失之後，愈可知覺矣。

〔註31〕原注曰：「吾友必仁，則知愛人，知惡人，故我據之。」
〔註32〕平川祐宏著，劉岸傳等譯：《利瑪竇傳》，頁255，法國一句最普通的寒暄話：「我朋友的朋友，也就是我的朋友」。與「友友之友」，可說是同出一轍。

- 交友之旨無他，在彼善長於我，則我效習之；我善長於彼，則我教化之。是學而即教，教而即學，兩者互資矣。如彼善不足以效習，彼不善不可以變動，何殊盡日相與遊謔，而徒費陰影乎哉？〔註33〕
- 居染塵而狃染人，近染色，難免無污穢其身矣。交友惡人，恆聽視其醜事，必習之而浼本心焉。
- 吾偶候遇賢友，雖僅一抵掌而別，未嘗少無裨補，以洽吾為善之志也。

真正的友誼往往令人回味無窮，當失去他時才會更加深深的感覺到可惜。朋友之間應互相學習與切磋、教學相長，乃是正向的循環；而無益之友，如偷竊我們光陰的盜賊，且偷時之損遠比偷財之損來得大，財可復但時間則否。在染房工作久了便習於各種雜七雜八的顏色，身上的衣物不時便會受到一些污染；而交了壞朋友，每天與他接觸各種壞事情，久了後良善的本性也會被泯滅的。即使與賢友的接觸時間很短暫，也都會受到良好的感化。同時令我想到子曰：「無友不如己者。」又曰：「益者三友，損者三友。友直、友諒、友多聞，益矣；友便辟、友善柔、友便佞，損矣。」與孔子的思想上，中西方還是有些相似的。

- 友也，為貧之財，為弱之力，為病之藥焉。
- 國家可無財庫，而不可無友也。
- 世無友，如天無日，如身無目矣。
- 不能友己，何以友人？

朋友是為窮人的財富、給消瘦的人予力量、乃是病的良藥，缺之不可。連大到一個國家都可以沒什麼財富，但絕不可沒有任何一個友邦，那會完全地被孤立。世上沒有友誼，像天沒有太陽、人沒雙眼般可怕。不能作自己的朋友，怎麼作別人的朋友，意謂自己要好好善待、認識自己。

《交友論》一書採用條列式的排列來呈現，條列分明、簡而易懂，與孔子的《論語》有些相似；但眾多的論點與傳統中國人的交友觀差異頗大，對明末的士人們來說感到異常新鮮，所以一經刊印後即廣為流傳，讓明末的人們大開眼界，了解到西方的交友哲學之美。

《交友論》的篇幅不長，其中格言是從歐洲哲學家及教會神父等處收集而來，在歐洲此類文章亦少見。明末士人們閱讀本書頗感新奇，廣為推薦。此書

〔註33〕原注曰：「無益之友，乃偷時之盜；偷時之損，甚於偷財，財可復積，時則否。」

每到一處都得到文人的好評，多贊同此書之觀點，且在當時很多文人別集中，引用其中很多論述。最出乎人們意料之外的是，《交友論》在出版短時間內，就被譽為一部傑作，這是利瑪竇寫的第一部漢文著作。〔註34〕再就內容而言，可謂豐富，然而箴言諺語的形式妨礙了內容的開展，而且成書倉促，不及斟酌，難免有所遺漏。雖然如此，但此書在江西風靡一時，成了利瑪竇與中國知識份子深入交往的媒介。以前西洋僧人的形象被西學碩儒的面貌所取代。〔註35〕

第三節　《交友論》對利瑪竇的影響

一、明末士人對此書與利瑪竇的評價

要想了解明末士人對《交友論》的評價，我們可先從眾儒士為此書所作的序跋看出端倪。馮應京於 1601 年的〈刻交友論序〉有云：

> 西泰子間關八萬里，東遊於中國，為交友也。其悟交道也深，故其相求也切，相與也篤，而論交道獨詳。……鳥有友聲，人有友生，鳥無偽也，而人容偽乎哉？京不敏，蚤溺鉛槧，未遑負笈求友，壯遊東西南北，乃因王事敦友誼，視西泰子迢遙山海，以交友為務，殊有餘愧，爰有味乎其論，而益信東海、西海，此心此理同也。……
> 《交友論》凡百章，藉以為求友之贄……明萬曆辛丑春，正月人日，盱眙馮應京敬書於楚臬司之明德堂。〔註36〕

馮氏是刻《交友論》序跋之中官階最高者，利氏對他亦相當敬重。馮氏認為，利氏不遠千里而來，實「為交友也」，且「視西泰子迢遙山海，以交友為務，殊有餘愧，爰有味乎其論，而益信東海、西海，此心此理同也」，利氏做此書不但令明末士人知曉歐洲交友之道，更在人們心中深植，他到中國為交友也，而不是僅僅為傳教，可見利氏以交友為先，獲取眾儒士信賴的策略非常正確。這本書從此定名為《交友論》，學者多認為乃是此序之故。〔註37〕而瞿汝夔於

〔註34〕許明龍：《中西文化交流先驅～從利瑪竇到郎世寧》，頁 240。

〔註35〕同上註，其實應不止是風靡了江西，更在 1599 年於南京、1603 年於北京等地不同人們的翻刻、流傳，他的名聲漸為所有中國知識份子所熟知，他的行跡與其他著作也才更為人所津津樂道，傳教事業方能逐步開展。

〔註36〕朱維錚：《利瑪竇中文譯著集》，頁 155，參照其《交友論》之正文與序跋標點本。

〔註37〕方豪：〈利瑪竇交友論新研〉，頁 1849，第一節之成書與初刻年月考部份；另請參照鄒振環：〈利瑪竇交友論的譯刊與傳播〉，頁 51。

1599 年的〈大西域利公友論序〉曰：

> 萬曆己丑，不佞南遊羅浮，因訪司馬節齋劉公，與利公遇於端州。目
> 擊之頃，已灑然異之矣。及司馬公徙公於韶，予適過曹谿，又與公遇
> 於是，從公講象數之學，凡兩年而別。別公六年所，而公益北學中國，
> 抵豫章，撫臺仲鶴陸公留之駐南昌，暇與建安郡王殿下論及友道，著
> 成一編。公舉以示不佞，俾爲一言弁之。予思楛矢白雉，非關名理，
> 而古先哲王猶頒示之，以昭明德；今利公其彌天之資，匪徒來賓，服
> 習聖化，以我華文，譯彼師授，此心此理，若合契符，藉有錄之以備
> 陳東風采謠之獻，其爲國之瑞，不更在楛矢白雉百累之上哉！至其論
> 義精粹，中自具足，無俟拈出矣，然于公特百分一耳……勒成一家，
> 藏之通國，副在名山……萬曆己亥，正月穀旦友人瞿汝夔序。〔註38〕

瞿氏在序中清楚交代如何與利氏相識的過程，且從他習象數之學。再介紹此
書成書的背景、來源，對利氏與《交友論》稱讚備至，甚至最後落款「友人
瞿汝夔」，以表兩人友好的關係。明末學者陳繼儒在《寶顏堂秘笈》本的〈友
論小敘〉曰：

> 人之精神，屈於君臣父子夫婦兄弟，而伸於朋友，如春行花內，風
> 雷行元氣內，四倫非朋友不能彌補，不意西海人利先生乃見此。利
> 先生精於天地人三才圖，其學惟事天主爲教，凡震旦浮屠老子之學，
> 勿道也。夫天孰能舍人哉？人則朋友其最耦也。檇李朱銘常，於交
> 道有古人風，刻此書，真可補朱穆、劉孝標之未備。吾曹宜各置一
> 通座隅，以告世之烏合之交者。〔註39〕

陳氏強調第五倫「朋友」的重要性，與利氏此書不謀而合。更指出東西方有
相同的地方，也有東方所不具的思想、價值觀，故《交友論》的西方友誼觀
可補中國文化之未備。最後是朱廷策在《寶顏堂秘笈》本的〈友論題詞〉曰：

> 以予所睹，利山人集友之益大哉，胡言絕也？……殆即伐木乾餱之
> 刺，用以示誡則可，倘執五交三釁，而概謂四道，終不可幾于世也。
> 當不其然？丁未新秋日，朱廷策銘常父，題于寶書閣。〔註40〕

〔註38〕 朱維錚：《利瑪竇中文譯著集》，頁 156～157。

〔註39〕 同上註，頁 157。《寶顏堂秘笈》收入的《友論》是由朱廷策（銘常）於
萬曆丁未（1607）刊刻，故陳繼儒讚揚朱廷策「於交道有古人風」。

〔註40〕 同上註，頁 158。

朱氏在讀了利氏《交友論》後，認識到「集友之益大哉」，故特爲之刊刻。而《欽定四庫全書總目》對此書有批評亦有讚揚之處，更提到與利瑪竇友好的江蘇名醫王肯堂之事：

> 《交友論》一卷兩江總督採進本，明利瑪竇撰。萬曆己亥，利瑪竇遊南昌，與建安王論友道，因著此編以獻。其言不甚芫悖，然多爲利害而言，醇駁參半。如云：「友者過譽之害大於仇者過訾之害」，此中理者也；又云：「多有密有便無密友」，此洞悉物情者也；至云：「視其人之友如林，則知其德之盛；視其人之友落落如晨星，則知其德之薄」，是導天下以濫交矣；又云：「二人爲友，不應一貧一富」，是止知有通財之義，而不知古禮惟小功同財，不概諸朋友；一相友而即同財，是使富者愛無差等，而貧者且以利合，又豈中庸之道乎？」王肯堂《鬱岡齋筆塵》曰：利君遺余《交友論》一編，有味哉，其言之也。使其素熟於中土語言文字，當不止此。乃稍刪潤著於篇。」則此書爲肯堂所點竄矣。〔註41〕

王肯堂基本上是讚揚利瑪竇這本書的，只是覺得利瑪竇中文造詣再強化些可能更佳。而李之藻的叢書《天學初函·理篇》的第三本書即爲《交友論》，可見李對利瑪竇之喜愛及對此書的重視。利瑪竇以世俗而實用的交友倫理觀，獲取了明末士人的青睞，基本上應是達到了。所以大陸學者陳登認爲，「在中國人看來，利瑪竇是數學家、天文學家、地理學家、藝術家，尤其更是個倫理學家。《交友論》成了他有關倫理道德最負盛名的著述之一」。〔註42〕

而馮應京於「西元1600年始被萬曆帝拔擢爲湖廣按察司僉事，到湖廣才讀到李贄爲利瑪竇傳抄散發的《交友論》，深爲嘆服，故於1601年春之農曆正月爲《交友論》作序，而利瑪竇從此與馮友好，相見恨晚，但馮不久即被害入獄」。〔註43〕吏科給事中、泰州學派之名儒祝世祿，也正是讀了此書後，對利瑪竇產生了極大的興趣，與他見了面，當利瑪竇在南京發生困難時，他

〔註41〕永瑢等撰：《欽定四庫全書總目》，卷125，子部35，雜家類存目二，頁1080。明萬曆二十七年（1599），江蘇名醫王肯堂對《交友論》進行刪修潤飾，節選三十九條收入於其叢書《鬱岡齋筆塵》。

〔註42〕陳登：〈從西學翻譯看利瑪竇對中國文化影響〉，《湖南大學學報》（社科版）16：1，2002年，頁53。

〔註43〕許蘇民：《李贄的眞與奇》，頁61。

還為利瑪竇說好話。〔註 44〕

　　而在萬曆二十九年（1601 年）初利瑪竇進入北京起，其接觸的士大夫位階更高，如徐光啓、李之藻、楊廷筠三人被史家稱為天主教在華的三大柱石。他們彼此合作譯書，結為知音；其中徐光啓更是推崇利瑪竇講的道理「誠信於士大夫」〔註 45〕，即對朋友重誠信，不會猜疑友人。「徐光啓對利瑪竇非常敬重，他雖貴為翰林，但以自己所學，較利瑪竇所學則可視為糟粕。他尤其佩服利瑪竇，能修身律己，沒絲毫缺失。與利瑪竇談道，常以弟子自居」。〔註 46〕

　　楊廷筠也稱道利瑪竇曰：「其學有次第，其入有深淺，最初有文學，次有窮理之學，名曰費錄所斐亞〔註 47〕，其書不知幾千萬種也。」〔註 48〕

　　明末亦有些學者在其專著裡有利瑪竇的記述。顧起元（1525～1628；官至吏部左侍郎）在其《客座贅語》卷六之〈利瑪竇〉條記載：

> 利瑪竇，西洋歐邏巴人也。面晳、虬鬚，深目而睛黃如貓，通中國語。來南京，居正陽門西營中，自言其國以崇奉天主為道。……利瑪竇後入京，進所製鐘及摩尼寶石於朝，上命官給館舍而祿之。其人所著有《天主實義》及《十論》，多新警。而獨於天文算法為尤精，鄭夾漈藝文略載有婆羅門算法者，疑是此術。士大夫頗有傳而習之者。〔註 49〕

（清）褚人獲的《堅瓠秘集》雖已看不到《交友論》的內容，但還是可見利瑪竇的記述。其卷四之〈大西國三主〉條曰：

> 利瑪竇者，結十伴航海漫遊，歷千餘國，經六萬里，凡六年抵安南、入廣東界時，從者俱死，瑪竇有異術，善納氣、內觀，故疾孽不作，居廣二十餘年，盡通中國語言文字。瑪竇紫髯碧眼，面色如桃花，年五十餘如二三十歲人，見人膜拜如禮，人故樂與之交。〔註 50〕萬

〔註 44〕許明龍：《中西文化交流先驅～從利瑪竇到郎世寧》，頁 53。

〔註 45〕徐光啓：《徐光啓》（北京：中華書局，1963 年），頁 66。

〔註 46〕羅光：《徐光啓傳》（台北：傳記文學出版社，1960 年），第五章，與利瑪竇談道全文摘錄。

〔註 47〕即現代所謂的「哲學」，英文是 philosophy。

〔註 48〕方豪：《方豪文錄》（上海：上海翻譯館，1948 年），頁 2。

〔註 49〕續修四庫全書編纂委員會：《續修四庫全書》，子部小說家類，頁 192。

〔註 50〕利氏於 1582 年至澳門，隔年入廣東省之肇慶，直到 1595 年始離開廣東省之韶州北去，故居廣東省時間最多 13 年，可能褚氏對利氏之確實時間不清楚故

> 曆丁酉（1597）李君實（按：即李日華，1565～1635；官至太僕寺
> 少卿）遇之豫章與劇談，出示其國異物，一玻璃畫屏、一鵝卵沙漏……
> 因贈之詩，云：
> 雲海盪朝日，乘流信綵霞；西來六萬里，東泛一孤舟。
> 浮世常如寄，幽棲即是家；那堪作歸夢，春色任天涯。〔註51〕

張奉箴於其專著中指出，「李日華在南昌贈詩時，對天主教士來華的目的還是
很陌生。但是當利子再度進京，李日華仿原韻，再度贈詩利子時，對天主教
和利子已經認識得夠深了」。〔註52〕李氏在北京再度贈詩利氏，曰：

> 雲海盪落日，君猶此綵家；西程九萬里，多泛八年槎。
> 虔潔尊天主，精微別歲差；昭昭奇器數，元本浩無涯。〔註53〕

另有一明末儒士徐勃，於其《徐氏筆精》卷八之交友條有曰：

> 利瑪竇，歐邏巴人也，著《天主實義》，人傳誦之；而《交友論》，
> 尤切中人情。有云：古有二人同行，一極富，一極貧，或曰：「二人
> 爲友至密矣。」實法德曰：「既然，何以一爲富者，一爲貧者哉？」
> 言友之物，皆與共也。又云：視其人之友如林，則知其德之盛；視
> 其人之友落落如晨星，則知其德之薄。〔註54〕

中央研究院中國文哲所教授李奭學指出，徐勃於其專著對《交友論》有一番
說明，「《交友論》全書，徐氏獨重實法德的知見之交，嘗因此而謂利作『尤
切中人情』，並引以合法化中國傳統友論中的『通財之義』，藉以痛批子貢與
公西華不能分財於顏回與原憲，致使貧而乏絕」。〔註55〕筆者翻查南昌、北京
等地的地方志，並未看到對利氏的記載。而方豪在《中國天主人物傳》中指
出，「在利氏卒後八十七年，即清康熙三十六年（1697），杭州人郁永河遊台
灣，著有《裨海紀遊》，余有合校本，由台灣文獻委員會刊行。郁氏書附《海
上紀略》，其中一節名〈西洋國〉」〔註56〕，在〈西洋國〉一節裡記述道：

有誤。

〔註51〕續修四庫全書編纂委員會：《續修四庫全書》，子部小說家類，頁198。

〔註52〕張奉箴：《利瑪竇在中國》，頁20。

〔註53〕同上註。

〔註54〕徐勃：《徐氏筆精》，頁576。

〔註55〕李奭學：《中國晚明與歐洲文學——明末耶穌會古典型證道故事考詮》，頁151。

〔註56〕轉引自方豪：《中國天主教史人物傳》，頁77。

有利瑪竇者，能過目成誦，終身不忘。明季來中國，遍交海內文士，於中國書無不讀。多市典籍，教其國人，悉通文義，創爲《七克》等書。所言雖孝悌慈讓，其實似是而非。又雜載彼國事實以濟其天主教之邪說。〔註57〕

另有一則明崇禎時的江蘇省《松江府志》，記述陪同利瑪竇入北京進貢的耶穌會士龐迪我，說道：

西儒龐迪我，利瑪竇之門人也。精於天文地理技術，宗天主教。由海外抵香山澳，至留都，遂遊雲間，士大夫多崇禮之，而徐宗伯光啓尤敬事焉。……目長鬚坦，易近人。非禮不動，有中華大儒之風，他著述甚豐，不勝書。〔註58〕

二、利瑪竇的交友之路從此開展

自利瑪竇之《交友論》廣爲流傳後，他的名字與此書一樣廣爲人知。而他對儒家文化的友好和寬容的態度及利用翻譯西學（如《交友論》）與科技之「學術傳教」，使天主教在當時的傳播取得了一定的成功，他本人也贏得了很多士大夫的好感，因而被一些儒生尊稱爲「利子」或「西儒」，很多人樂於與他交往。〔註59〕利瑪竇與一般的傳教士最不同的地方，是他給人以交友爲先的感受；同時，他從倫理哲學方面與中國知識界開始對話，讓人打從心底接受他這個人。

此書亦與我們孔老夫子的信念有異曲同工之妙，《論語》開宗明義就是：「有朋自遠方來，不亦樂乎？」利瑪竇在研讀中國古代聖賢書時可能發現，朋友關係在先秦孔子的時代還是相當受重視的，但爲何明末卻少被人注意到，可能是後來的迂儒忘了聖人的教導吧！所以才把朋友之倫放在五倫之末。〔註60〕

近代法國學者費賴之將明末清初、存放於西方的史料文獻整理成書，因

〔註57〕同上註。據筆者考證，《七克》爲耶穌會士龐迪我所作之書，方豪先生所引郁永河之《海上紀略》裡的記載有誤，特於此做一更正。

〔註58〕（明）方岳貢修、（明）陳繼儒纂：《（崇禎）松江府志》（北京：書目文獻出版，1991年），卷44，頁1171。

〔註59〕陳登：〈從西學翻譯看利瑪竇對中國文化影響〉，頁70～73。

〔註60〕這裡所列的五倫爲孟子的「君臣、父子、夫婦、長幼、朋友」學說，筆者認爲這其實就是要維持儒家「忠孝」的帝王政治統治基礎，是故「朋友」一倫在領導階層看來，不但不重要，還可能會群聚起來而推翻其統治。

而對《交友論》有更客觀的評述，「《交友論》一書在 1595 年初刻於南昌，而後廣為流傳，在明末士大夫中風行一時，大受讚賞」。〔註61〕大陸學者鄒振環更指出，「利瑪竇整理西方哲言所編譯出的第一本漢字著作《交友論》，不只使明末士人折服，其在後世的影響更不遑多讓……文中除少數涉及宗教外，多是從世俗人倫角度陳述友誼，可補明末在友誼這一倫的不足，故廣受觀迎、流傳」。〔註62〕

在北京與利瑪竇交往頗值得一提的人，就是馮應京。他本來不認識利瑪竇，因被人構陷押解到北京時，入獄前二人才第一次見面。但他早耳聞利瑪竇名聲，而他在獄中與利瑪竇不間斷通信，甚至把自己編寫的《天主實義》手稿給馮看。馮讀後力勸利瑪竇出版，並為他寫序言，極力讚揚利瑪竇之學問，說道：「高測九天，深測九淵，皆不爽毫末。吾所未嘗窮之形象，既以窮之有確據測其神理當有所受，不誣也」。〔註63〕而利瑪竇也早就知道馮這個人，因為在明萬曆 29 年初（1601 年）於武昌，他正直敢言不畏得罪權貴（因此被更高的官員構陷入獄）的性格為人民所愛戴、擁護，如此有名的仁人君子當然受到利瑪竇的重視；且馮未經利瑪竇同意便自行刻印了《交友論》〔註64〕，為西方思想的傳播盡了很大的力，所以二人於北京一見如故，相見恨晚了。

《交友論》的出版為利瑪竇等耶穌會士贏得了很高的聲譽，利瑪竇於 1599 年在南京寫給高斯塔神父的信中，寫道：

> 這本書給我以及我們歐洲增加的威望，超過前此所做的一切，因為其他的事情只是使我們有了善於製造機械儀器的名聲，而這篇論文卻為我們贏得了文人、熱愛才智之儒士的稱讚，因而人們加以閱讀、

〔註61〕（法）費賴之著，馮承鈞譯：《在華耶穌會士列傳及書目》，頁 42，文中並論及《交友論》一書於南昌、南京、北京刻印與收入某些書的基本概況。

〔註62〕鄒振環：〈利瑪竇《交友論》的譯刊與傳播〉，頁 50～51。

〔註63〕利瑪竇著、朱維錚主編：《利瑪竇中文著譯集》，內之〈天主實義·馮應京序〉，頁 133～134。利瑪竇在中國，比較著名的身份是科學方面的成就，概因清末以來國勢漸弱，使國人回想到第一次西學東漸傳教士所帶來的西方文明，為何我們沒能吸收到。從禁教之後也就變相的更排斥西學，進而閉關自守，夜郎自大而不知西方文明正一日千里地發展；事實上，利瑪竇亦帶入交友方面的倫理哲學，善用之，可能促使國人更為親善與團結、對人對國際更友善，可能又是一種不同的發展也說不定。

〔註64〕早期的中國，對於學術知識往往沒有向原著作者徵詢版權的觀念，即著作權沒有保障，但也因此，利瑪竇的《交友論》才能快速地被傳播，廣為週知了。

接受，莫不熱烈讚嘆。〔註65〕

素有「西方孔子」美名的艾儒略在其《大西西泰利先生行跡》中有提到：「理學名儒李公心齋、禮部都諫祝公石林者，尤深相契合，雅有留駐意。」〔註66〕也都印證了這些事實。其實，《交友論》這本小冊子不光是影響了明、清的官員們，甚至於不久也傳到了日本，同樣受到了日本儒家學者們的尊敬。在日本整個德川時代都有人提到或讚譽《交友論》，直到明治初期，還能看到像細川潤次郎等人對它的讚賞。〔註67〕

由於他的名聲快速地為人所知，凡他到任何一個地方，都有很多人爭先恐後地想一窺其廬山眞面目。但他卻每天過著有如苦行僧的日子，自我要求極嚴格，而往往是吃飯到一半就放下碗筷就去接見友人，但拜訪完後飯菜都涼了，過了吃飯時間他也不吃了。來訪人數達到空前的是 1597 年，各地來南昌的考生約有四千人，他們得知有位西方奇人，紛紛登門拜訪，他被這一批批的訪客，弄得不知所措。所以他離開南昌時，所認識的朋友（含在廣東熟識的）已遍布全國十個省份了。〔註68〕

他充分運用《交友論》的理論與人交友，也爲了能吸取中國文化精髓與鞏固傳教的基業，強迫自己在三十多歲以後，還要像個小孩子般向老師學漢語漢字，而且很多是古老的中國經典，以中國人都不見得讀得通，非常困難，更何況利瑪竇呢？他再以日漸精熟的漢字能力協助有興趣於西方各種學術的士人從事中西翻譯工作，此乃近代以來相當大規模地中西文化交流的重要時期。中國地廣人眾，資訊不能說是很發達；也由於他在北京定居下來後，有固定的住所而不再遷移，是故影響力快速提升，大家也比較找得到他；而當時從中國各地寄給利瑪竇的信不計其數，有些是他認識的，很多他根本不認識，且有很多來信與他討教有關教義、佛教信仰及他所刊行的著述裡的一些章節。〔註69〕

他對朋友的好與重視，長期下來使他的身體吃不消，最後於明萬曆三十八年（1610 年）五月初即臥病不起，數日後逝世，得年 58 歲，特獲皇帝欽賜

〔註65〕利瑪竇著，羅漁譯：《利瑪竇書信集》，頁 258。
〔註66〕林金水：《利瑪竇與中國》（北京：中國社會科學出版社，1996 年），頁 61～62。
〔註67〕平川祐宏著，劉岸傳等譯：《利瑪竇傳》，頁 238。
〔註68〕劉俊餘、王玉川合譯：《利瑪竇中國傳教史》，頁 257～260。
〔註69〕汪前進：《西學東傳第一師——利瑪竇》（北京：科學出版社，2000 年），頁 145。

墓地，此乃明末以來下葬內地之第一位西方傳教士。他的一生真是做到了吾
友非他，即我之半，乃第二我也，故當視友為己焉；友之與我，雖有二身，
二身之內，其心一而已；視其人之友如林，則知其德之盛；視其人之友落落
如晨星，則知其德之薄。〔註70〕利瑪竇終其二十八年歲月於中國，不婚不宦，
寡言飭行，並把中國視為自己的第二故鄉，也成了中國人民的好朋友，連他
的遺骸也安葬在中國的土地上。

〔註70〕引《交友論》內文的前幾條。

第五章　與利瑪竇友好的明末士人

　　本論文整理之附錄：〈利氏交遊士人統計表〉，是依據林金水先生整理利瑪竇在中國活動的時間與地區來，筆者將之排列、統計其交友的人數統計表；而林金水先生列於表內的人士，有的僅與利氏接觸過或是官場上的公務往來，但也有一些與他深入交往，甚至被其影響而加入天主教的。筆者於本論文僅取與利氏有深入交往且相當重要、或具代表性的人物，分教內人士、教外人士共二大節敘述之。

第一節　教內人士

　　教內人士的排列順序，是依照其入天主教受洗之時間先後敘述之。

一、李應試

　　李應試（1560～1620），生於北京，聖名葆祿，湖廣人。方豪先生於其專著指出：

> 利氏說：「李之藻的六幅地圖原翻二刻而外，又有教徒某別製八幅更大的世界地圖。」又說：「我們的教友所刻更大的八幅。」利氏又在另一處詳述他信教的經過說：「此時有一要人入教，既是貴族，又深於世故，尤精曉三函教。（豪按此教名亦見於《天主實義》，在明季頗流行）此人在錦衣衛享有世襲爵祿。父親曾任長官。他目前本人雖無官職，但數年前曾率兵前往朝鮮禦倭。皇帝賜以湖廣一處巨產，世免其稅。其人即湖廣人，但生長於北京，現與母、妻及二子同居」。
>
> 〔註1〕

〔註1〕方豪：《中國天主教史人物傳》，頁156～157。

李應試曾於萬曆三十四年於北京刻過利氏的《山海輿地全圖》（又名《坤輿萬國全圖》），更在《利瑪竇中國札記》裡被稱爲「Paulo Li」。〔註2〕「據當時西方文獻的敘述，他因與利瑪竇和龐迪我論道，而於三十年八月受洗，教名葆琭（按：此爲 Paulo 的中譯名，故在不同文獻、專書上用字略不同，但發音皆同），爲表明決心，他當時並公開燒燬珍藏大量被教會視爲迷信的術數書籍；不久，全家均入教，且在家中建有私人教堂。三十二年，李應試擔任北京一個二級衙門的主管，與其母、妻及兩子同居。他不但非常虔誠，且積極勸人入教……三十三、三十四年之交，他離京致仕，返回湖廣老家奉養老母」。〔註3〕

張奉箴於其專著中指出，「李應試素愛風水，又嗜好術數。當他向利子求教天文數學時，向利子學習天主教的教義……克魯寧論及，李應試奉教後，曾謙恭聽從利子的訓誨，對傳揚聖教，表現出最大的虔誠……李應試領洗入教後，曾努力協助利子等，做文化方面的傳教工作萬曆三十一年（1603），曾和阮泰元等，協助利子，刊刻《兩儀玄覽圖》，並且寫了一篇〈兩儀玄覽圖〉序文，和一通識語」。〔註4〕李應試乃是利瑪竇至北京後，第一個較爲重要、且曾協助利氏出版書籍的受洗官員。

二、徐光啟

號稱「明末天主教三大柱石」的登科順序是楊廷筠、李之藻、徐光啟，但信奉而受洗爲天主教徒的順序，恰好完全相反；若以年齡而言，廷筠生於明嘉靖三十六年（1557），光啟生於四十年（1561），之藻生於四十四年（1565）。其中，又以徐光啟的資料最多、後人記述最豐，其名聲亦最爲顯著，且也只有徐光啟在《明史》中有傳〔註5〕，並記載徐光啟「從西洋人利瑪竇學天文、曆算、火器，盡其術。遂遍習兵機、屯田、鹽策、水利諸書」。〔註6〕

徐光啟（1561～1633），字子先，號玄扈，上海人。萬曆二十五年（1597）舉順天鄉試第一，又七年成進士，時已四十二歲。由翰林院庶吉士，授檢討，歷任國史館修纂、左春坊左贊善、詹事府少詹事、河南道監察御史、禮部左

〔註2〕 同上註，頁156。
〔註3〕 黃一農：《兩頭蛇——明末清初的第一代天主教徒》，頁75～76。
〔註4〕 張奉箴：《利瑪竇在中國》，頁133。
〔註5〕 《二十五史·明史》（上海：上海古籍出版社，1990年），卷251，列傳第139。
〔註6〕 同上註。

侍郎、翰林院侍讀學士經筵講官、禮部尙書、翰林院掌院學士、東閣大學士、文淵閣大學士等官。崇禎六年（1633）卒，加太子太保銜，諡文定，入祀郡邑鄉賢祠。他是我國古代傑出的科學家，也是留給我們科學譯著和文獻最豐富的明末士大夫。〔註7〕

　　光啓一生居官清介，不附權要，於當時政治建樹極多，對防倭一事之見解，尤稱卓越。時因西風東漸，乃從西洋人利瑪竇學天文、曆學、火器，盡其術；遂遍習兵機、屯田、水利諸書。尤精於曆，與龍華民（NicolasLongobardi）、鄧玉函（JoannesSchreck 等多名傳教士修正曆法，頗稱詳密，中國人之研精西學者自徐光啓始。徐氏著作、譯書甚多，計有《農政全書》、《幾何原本》、《測天約談》、《黃道升度》、《淵源堂詩藝》、《考工記解》、《徐氏庖言》、《兵事疏》、《屯鹽疏》、《農遺雜疏》、《兵事或問》、《屯田論》、《水利論》、《簡平儀說》、《日晷圖說》、《九章算法》、《山海輿地圖經解》、《泰西水法》等書數十種。其對介紹西洋科學，貢獻良多。〔註8〕今人王重民有徐氏著作、書牘及雜文等之輯校本《徐光啓集》，以方便後人查閱。

　　徐氏信教的過程，方豪先生於其專著中指出：

> 光啓中秀才後，即在家鄉教書。光啓自稱這時他的家境「貧甚」。萬曆二十四年（1596），設館於趙鳳宇家，並且隨他到了廣西潯州；路過龍州時，遇見了郭居靜神父，初次聽到天主教理和西洋科學。次年，他是在落卷中，被主考官焦竑賞識而拔擢第一的。
>
> 萬曆二十八年他再到北京應試，道經南京，認識了利瑪竇，對於教理和西洋知識，亦更進一層瞭解。三十一年再到南京，利瑪竇已北上，遇見了羅如望，再經講解，遂由羅神父爲之受洗，聖名保祿。
>
> 〔註9〕

徐光啓在其〈刻幾何原本序〉說道，「顧維先生（按：指利瑪竇）之學，略有三種：大者修身事天，小者格物窮理；物理之一端，別爲象數，一一皆精實典要，洞無可疑；其分解擘析，亦能使人無疑」。〔註10〕萬曆二十八年他途經南京，得遇利瑪竇，爲與利氏的初次相見，但對利氏印象深刻，故徐光啓更

〔註7〕　徐光啓撰、王重民輯校：《徐光啓集》（台北：明文書局，1986 年 2 月），頁 1～35 整理。

〔註8〕　同上註。

〔註9〕　方豪：《中國天主教史人物傳》，頁 102～103。

〔註10〕利瑪竇著、朱維錚主編：《利瑪竇中文著譯集》，頁 349。

在其〈跋二十五言〉曰,「間邂逅留都,略偕之語,竊以爲此海內博物通達君子矣」。〔註11〕

利瑪竇在其札記中指出,「我們的朋友徐保祿過去已得到碩士學位,1604年,他到北京來參加博士這個最高學位的國家考試。……這兩位是南京皈依者中最傑出的人,事實上他們的名聲極大……徐保祿現在對自己的地位和神父們在京城的安全有了把握,從這時起他就集中全力,來推進他們的利益並傳播天主教」。〔註12〕可見利氏對徐氏之看重,對他能保護天主教的傳教權負以厚望。而羅光對徐光啓進京考試如此記述,「到了萬曆三十二年(1604),他讒考取進士,名列八十八。殿試,名列五十二。欽點翰林,第四名」。〔註13〕

前輔仁大學校長羅光,是天主教傳入中國史的權威之一,著有《利瑪竇傳》及《徐光啓傳》二本專書。在《利瑪竇傳》中,特闢有專章「良友臂助」來說明利氏與光啓深厚的關係,此章指出利氏特稱光啓爲「好教友和好朋友」〔註14〕;在羅光的另一本書《徐光啓傳》,特闢有「受洗入教」、「利子談道」、「講求科學」等章,指出二人親密的友好關係。〔註15〕羅光對利氏與徐光啓共同研譯《幾何原本》,記述更爲詳明:

> 利子和光啓講論幾何,用老師丁先生的教科書。丁先生爲耶穌司鐸,乃當時有名數學家,曾以拉丁文解釋歐幾里得的《幾何原本》。
>
> 從秋天到冬天,從冬天到春天,光啓和利子共同從事翻譯。我們可以想像鬢髮半白的利子,面前排著丁氏的拉丁文書本,眼睛一會兒看著書,一會兒看著對坐的光啓。光啓手中拿著筆,面前鋪著紙,一面聽利子講說幾何,一面揮筆作記,眼睛不免常瞧著案上的拉丁書本,只恨自己不能懂。利子有時停止不說了,皺著眉,對書深思。光啓知道他是在找尋適當的中國名詞。〔註16〕

〔註11〕同上註,頁 173～174。

〔註12〕利瑪竇及(比)金尼閣著,何高濟等譯:《利瑪竇中國札記》,頁 345～346,何高濟等譯者自注曰:「此指徐光啓考取進士和參加選翰林院庶吉士。」

〔註13〕羅光:《利瑪竇傳》,頁 140。羅氏在徐光啓考取進士的時間點說法好似有些不同,應是利氏的札記爲回憶錄性質,或是他對中國的科舉考試比做西方的學位考試,茲放入利氏與羅氏的記述,做一比對參考。

〔註14〕同上註,第二十四章「良友臂助」,頁 139～147。

〔註15〕羅光:《徐光啓傳》,(台北:傳記文學出版社,1960 年 4 月),第三章「受洗入教」、第五章「利子談道」、第六章「講求科學」,頁 13～18 及 25～34。

〔註16〕同上註,頁 37～38。

「萬曆三十三年，夏秋之交，他們倆合譯三月有餘。萬曆三十四年初，又繼續合譯了三個月，《幾何原本》前六卷譯竣。同年五月（陽曆）譯本付印」。〔註17〕徐氏為重視實用科學之士，本身具有現代科學化的治學方法，又巧遇西方傳教士如利瑪竇等東來，故自萬曆三十二年（1604）他中進士起，直到崇禎六年（1633）他死時為止，不斷地與利氏等學習西方知識，將所學著書立言。甚至在軍事、武器的精研上，都能見其努力的痕跡，徐氏為國為民竭盡心力，前後達三十年之久。

三、瞿太素

瞿太素（1549～1612），名汝夔，江蘇常熟人。筆者已於第二章第三節〈與華南士人之交遊〉大量闡述到對瞿太素的相關記述，實因瞿太素是利瑪竇在華南結交至為重要的友朋，也因其跟隨利瑪竇學習數學兩年，與利瑪竇關係相當親近，又是官宦子弟，在其亦師亦友的影響下，他為利氏引薦甚多士大夫、學者等階層人士與之交友，更說服利氏棄僧服、改著儒服，將利氏的交友圈推向更高更上層的境界，也可說他對天主教在華傳教策略的制定與推動，具有很大的貢獻。

瞿汝夔於萬曆二十七年（1599）刻的〈大西域利公友論序〉曰：「萬曆己丑，不佞南遊羅浮，因訪司馬節齋劉公，與利公遇於端州。目擊之頃，已灑然異之矣」。瞿氏於萬曆己丑（1589）即與利氏相識於肇慶，本以為可向利氏學習煉金術，但在二年的學習西方科學之耳濡目染下，對其人品與天主教義理更為敬佩，卻因後嗣無著及蓄有妾室之故，等到正室過世、將妾扶正後，才於萬曆三十三年領洗為天主教徒，教名依納爵（Ignatius）。〔註18〕

在瞿汝夔的協助下，利氏一反以往被地方百姓排斥的侷限與受制情形，廣泛地與上層社會人士交友，且利氏在南昌定居時，更是由瞿氏的介紹下，認識了瞿氏的親家建安王及老師章潢，扭轉了利氏於中國傳教處於劣勢的尷尬局面。

對瞿氏頗有研究的學者黃一農先生於其專書指出，「汝夔在入教兩、三年後，曾寄寓南京的耶穌會院，惟因沉迷於長生不老之術……三十八年，利瑪竇去世時，汝夔的繼室感懷備至，遂請利子小像為聖牌，且珍藏其手書，以為至寶，四十年，汝夔卒」。〔註19〕而其子瞿式穀在汝夔過世後，更邀請艾儒

〔註17〕羅光：《利瑪竇傳》，頁143。
〔註18〕詳見黃一農：《兩頭蛇～明末清初的第一代天主教徒》，頁35。
〔註19〕黃一農：《兩頭蛇——明末清初的第一代天主教徒》，頁36。

略赴常熟開教，更於天啓三年（1623），協助艾儒略出版的《職方外紀》作序，且嘗於崇禎四年（1631）協助艾儒略編成《幾何要法》一書之刊刻出版，此書乃是較徐光啓編的《幾何原理》較簡易學習的幾何類數學書籍，可見瞿汝夔父子對中國天主教與數學的貢獻不可謂不大。

四、李之藻

李之藻（1565～1630），字振之，又字我存，號「存園寄叟」、「涼菴逸民」、「涼菴居士」、「涼菴子」、「涼叟」、「東海波臣」〔註20〕，浙江省杭州仁和人。萬曆二十六年（1598）會試，名列第五，官至太僕寺卿。與利瑪竇合作編譯《渾蓋通憲圖說》、《圓容較義》、《同文算指》等。著有《唐景教碑附》一卷。自編第一部天主教叢書《天學初函》，此為李之藻對中西文獻上的最大貢獻，此叢書共收二十種書；談形上者為「理編」，包括有利瑪竇《天主實義》、艾儒略論世界地理的《職方外紀》等；談形下者為「器編」，包括有《泰西水法》、《同文算指》、《幾何原本》、以及徐光啓用定理分析我國古代勾股算法的《勾股義》等。

利瑪竇曾於著作中提及李之藻少年時的事：

> 繕部李我存先生夙志輿地之學，自為諸生編輯有書，深賞茲圖，以為地度之上應天躔乃萬世不可易之法，又且窮理極數，孜孜盡年不捨。歎前刻之隘狹，未盡西來原圖什一，謀更恢廣之。〔註21〕

由此可見我存先生從小即對輿地之學深感興趣，認識利瑪竇後，當然一見如故，如膠似漆了。之藻於天啓二十三年（1623），用文字將他與利氏初次見面的情形記載下來：

> 萬曆辛丑，利氏來賓，余從寮友數輩訪之。其壁間懸有大地全圖，畫線分度甚悉。利氏曰：「此吾西來路程也，其山川形勝土俗之詳，別有鉅冊，已藉手進大內矣。因為余說地以小圓處天大圓中，度數相應，俱作三百六十度。凡地南北距二百五十里，即日星晷必差一度……」余依法測驗良然，迺悟唐人畫方分里，其術尚疎，遂為譯以華文，刻為萬國圖屏風。〔註22〕

〔註20〕關於李之藻六個名號，引自余施霖：《李之藻《天學初函》之研究》（台北：台北市立師院應用語言文學研究所碩士論文，2005年），頁106。

〔註21〕請參見〈坤輿萬國全圖跋〉，載於利瑪竇著、朱維錚主編：《利瑪竇中文著譯集》，頁226。

〔註22〕李之藻：〈刻職方外紀序〉，載於《天學初函》影印本（台北：台灣學生書局，1964年），冊三，頁1269～1270。

萬曆辛丑即二十九年（1601），利氏剛入北京不久，兩人即會面了。利瑪竇亦於其札記中談到兩人初見面之情形，有云：

> 知識階層中值得銘記的第二個著名人物，叫做李我存。幾年以後他受洗時，改名為良（Leo）。他是浙江省會杭州人。神父們到達北京時，他正在工部擔任重要職務，他的才名罕有匹敵。他青年時雄心勃勃要對整個中國作一番很好的描述，並繪製十五省的精確地圖，這對他就意味著全世界。當他看到利瑪竇神父製作的世界地圖時，就十分驚嘆自己工作的侷限。他知識豐富……，於是他馬上跟神父以及其他神父交上朋友，為的是學習地理，他把公餘都用來鑽研它。

〔註 23〕

余施霖先生於他的碩士論文中，指出李之藻信奉天主教的一個原因，「（李之藻）無法認同當時的學術思潮。李之藻當時所處的江浙一帶，在十五世紀初期，是陽明學說盛行的地區。到了之藻的年代，王學在受到佛老的影響下，使得更多的流派孕育而生……李之藻不希望自己的一生，就淹沒在如此的學術口水中，所以將其全部的心力，都放在研讀西學上」。〔註 24〕甚至在他的著作之敘錄中，指出他對西學的態度：

> 而最嗜西書，屢向西士索閱新書。是以博學多通，時輩罕有其匹，為文汪洋浩瀚，才氣四溢。明季學者喜言心性，而之藻於天文、地理、幾何、算數、律呂、技藝諸學，皆能致精思。〔註 25〕

自從李之藻為官之後，直接體認到朝廷與社會的黑暗面，他先後於南京及北京為官多年，萬曆的後期是政治最黑暗之時刻，君主昏庸不理朝政、宦官亂權等，之藻期望能從西學尋求解決之道，來改變社會風氣，藉由宗教的力量，淨化人心，他於自己編輯的叢書內的題辭指出，「認識真宗，直尋天路，超性而上，實地修為」。〔註 26〕隨著與利氏的交往益深，之藻對他的認識有更深的說明：

> 西泰子浮槎九萬里而來，所歷沉沙狂颶，與夫啖人略人之國，不知幾許，而不菑不害，孜孜求友，酬應頗繁，一分不取，又不致乏絕，始不肯以為異人也。

〔註 23〕利瑪竇及（比）金尼閣著，何高濟等譯：《利瑪竇中國札記》，頁 303。
〔註 24〕余施霖：《李之藻《天學初函》之研究》，頁 119～120。
〔註 25〕同上註，轉引自頁 120。此文源自李之藻：《頖宮禮樂疏》（台北：國立中央圖書館，1970 年），敘錄，頁 1。
〔註 26〕李之藻：〈刻天學初函題辭〉，載於《天學初函》影印本，冊一，頁 5。

> 已睹其不婚不宦，寡言飭行，日惟是潛心修德，以照事乎上帝，以
> 爲是獨行人也。……迄今近十年所，而習之益深，所稱妄言、妄行、
> 妄念之戒，消融都淨；……往往如其言則當，不如其言則悔，而後
> 識其爲至人也。〔註27〕

之藻爲《畸人十篇》作序時，是萬曆三十六年，與利氏初見面爲萬曆二十九
年，前後算來約有八年，故稱近十年。而李之藻爲何直到萬曆三十八（1610）
年二月才受洗爲天主教徒呢？實因之藻有妾，且於萬曆三十八在北京生了重
病，聽利氏的勸才受洗之故。艾儒略在其書中記載道：

> 太僕李我存久習利子，服其器識，凡有所行，多與相商，覺從利子
> 之言則順，間有不從者，後必有悔也。厥後李公忽患病京師，邸無
> 家眷，利子朝夕於床第間，躬爲調護。時病甚篤，已立遺書，請利
> 子主之。利子力勸其立志奉教於生死之際。公幡然受洗，且奉百金
> 爲聖堂用。賴天主寵佑，而李公之疾已瘥矣。〔註28〕

之藻在利氏的極力照護及力勸下信了教，竟奇蹟似的痊癒了。但利氏卻於萬
曆三十八年五月，因前幾個月「往訪者眾，至爲辛勞其中有到京述職之官吏，
有三年一度之應試士子」等人川流不息的拜訪，勞瘁不堪，得重病而去世。
艾儒略亦記載了之藻爲利氏身後事辦理的情形：

> 太僕李公經其喪事，市堅木爲棺，會士阻之不得。匠人欲速其工，
> 懼天災而體變。李公曰「勿亟也，子第加工焉，吾知利子百日不壞
> 矣。」越兩日始就木。前後諸縉紳來弔者，無不極口稱贊。〔註29〕

之藻於崇禎三年（1630）陰曆九月二十七日逝世，享年六十五歲。

五、楊廷筠

楊廷筠（1562～1627），字仲堅，號淇園，又號鄭圃居士、泌園居士，浙
江省杭州仁和人。1579 年成舉人，1592 年中進士，1598 年擢監察御史，1602
年任湖廣道御史。他曾於萬曆三十七年（1609）稱病告歸，十餘年後又再度
任職爲河南按察司副史、順天府丞等官職。〔註30〕

〔註27〕李之藻：〈畸人十篇序〉，載於《天學初函》影印本，冊一，頁 101～103。
〔註28〕艾儒略：《大西西泰利先生行蹟》，冊 12，頁 217～218。
〔註29〕同上註，頁 206。
〔註30〕請參見韓玲玲：《楊廷筠與中國天主教會》（台北縣：輔仁大學宗教研究所
　　　　碩士論文，1993 年），頁 33。但楊廷筠的生卒年有另一說法，據方豪：《中
　　　　國天主教史人物傳》，頁 126～138，楊廷筠生於嘉靖三十六年（1557），

萬曆三十九年，李之藻丁憂回籍，並邀耶穌會士至家鄉杭州開教。廷筠前往致祭，見之藻毀佛像、不請僧侶誦經，頗為詫異。方豪先生於其專著，引述明末基督徒丁志麟先生筆錄—《楊淇園先生超性事蹟》，記載之藻與廷筠的對話，曰：

> 公（按：指廷筠）因乏嗣，故置側室，公子二，由庶出。比公固請
> 領洗，而先生未洗；公躊躇且久，私謂我存公曰：『泰西先生乃奇甚，
> 僕以御史而事先生，夫豈不可，而獨不能容吾一妾耶？若僧家者流，
> 必不如是！』我存公喟然嘆曰：『於此知泰西先生非僧徒比也。聖教
> 誠規，天主頒之，古聖奉之；奉之德也，悖之刑也，德刑昭矣。』
> 公忽夢醒，痛改前非，屏妾異處，躬行教誡。於是先生鑒其誠，俾
> 領洗焉。〔註31〕

廷筠時年 50 歲，領洗聖名彌額爾（Michael），故號彌格子，從拉丁音譯。廷筠本信佛，亦頗禮重僧人，遠近寺刹，更多施與，所以他改信天主教，引起佛教人士非常的憤恨。廷筠當時信天主教，實冒國人之大不韙，並遭各地人士的「圍剿」。以著作傳教及護教，實為廷筠宏願。1617 年，奉獻自己的家宅作為聖堂。廷筠努力傳教的結果，使武林即杭州人士大批信教。〔註32〕

在利氏過世後，廷筠著《聖水紀言》一書。廷筠在 1621 年作《代疑編》，此書又有《代疑續編》，在當時所有護教書籍中，此書流傳最廣。1622 年夏，廷筠為艾儒略所輯《職方外紀》潤色，八月付梓，後又重刻於福建。 此為廷筠唯一的一部科學方面的書。 廷筠所著書，教理方面尚有《西釋辨明》、《西學十誡註解》等。為教理及科學書作序跋，有〈七克序〉、〈滌罪正規小引〉、〈張彌格爾遺蹟序〉、〈西學凡序〉、〈同文算指通編序〉等〔註33〕。廷筠 1627 年卒，享年六十五歲。

卒於天啟七年十二月（1626），享年 71 歲。網路資料：載於 Ricci Insitute,
University of San Francisco（舊金山大學利氏基金會），
http：//riccilibrary.usfca.edu/listAuthor.aspx?authorID=123 之利瑪竇研究所
藏書樓目錄，指出「Author List for Yang Tingyun 楊廷筠，1562～1627」。
舊金山大學利氏基金會之資料，與韓玲玲女士碩士論文對楊廷筠的生卒年
看法相同。筆者謹以韓玲玲與舊金山大學之資料為主。茲附上此二種說
法，待考證。

〔註31〕詳見方豪：《中國天主教史人物傳》，頁 127～128。
〔註32〕同上註，頁 128～132。
〔註33〕同上註，頁 134～138。

第二節　教外人士

教外人士之排列順序以認識利瑪竇之先後爲之。

一、王　泮

王泮（1539～?），字宗魯，山陰人。明萬曆八年（1580）任肇慶知府，十一年（1583）11 月兩廣總督郭應聘同意耶穌會派人進肇慶居留，澳門教會派羅明堅、利瑪竇入肇傳教。王泮是明末較早與洋人交往，引進西方文化，促進中西文化交流的地方官員。於《肇慶府誌》有關於王泮的傳記：

> 王泮，字宗魯，山陰人。萬曆二年進士。八年知肇慶府；（按：在這期間幫助利子定居肇慶），十二年遷按察副使。分巡嶺西，駐肇慶，慈愛和易，士民見者，語次尋繹，甚有恩惠，未嘗疾言遽色加人，而確然有執。雖門生故交無私也。好爲民興利……又建浮屠於高明東郊……郡爲督府，所駐兩粵藩臬使者，若四方之賓，無日不至，齰櫛出，日昃不遑暇食。……泮性恬淡，日奉如寒士。居官齋潔，焚香靜坐若禪室然。……粵中文士皆來就正。十六年遷湖廣參政，高要高明市民，遮留泣下，各建祠祀之〔註34〕。

王泮知肇慶府時，所建之浮屠即爲崇禧塔，建於萬曆十年，而塔旁曾建其生祠「王公祠」，位在城東的小市頂。而羅明堅與利瑪竇所建的第一座聖堂，由王泮爲之題名
「僊花寺」，及神父住處，皆在崇禧塔和王公祠的北面。

利氏於其札記中讚揚知府王泮對他們的友善：

> 他們（按：指羅明堅與利瑪竇）在長官衙門中受到禮遇，長官（按譯者注：指王泮）坐在他的官位上，當他們習慣向他下跪時，他詢問他們是誰，來自何方，來此何事。……在最後一次晤談中，他的答覆大致如下：他完全不懷疑他們的誠實，並且願意把他們置於他的保護之下。不錯，他們可以進城看看所有可利用地皮，並隨意選擇一塊。他也努力使總督（按：指郭應聘）批准所請。
> 不久另外送來了兩份蓋有長官府印的文件：一份批准土地的捐賜，第二份允許他們去省城走動，去澳門或者到國內他們想去的任何地方去旅行。長官（按譯者注：指王泮）常去拜訪神父們，隨他去的

〔註34〕張奉箴：《利瑪竇在中國》，頁 109。

有其他高官。在這種場合，他從不放棄任何機會一本正經地讚揚他
們。新月節來臨那天，神父們到長官府去，按習慣的儀式向他致敬，
他也禮貌周全地接待他們〔註35〕。

肇慶不僅是古代中原文化和嶺南文化的交匯點，亦是明末以來中西文化的交
匯點。肇慶知府王泮歷經千辛萬苦的努力，終於獲得批准，邀請歐洲傳教士
利瑪竇等來到肇慶，一住六年。在此地，王泮亦出資協助利馬竇繪製了世界
上第一幅中文的世界地圖─《山海輿地全圖》；王泮派人協助利氏編寫了世界
上第一部中西文字典《葡華字典》，首創用拉丁字母給漢字注音，解決了給漢
字測音和分析漢字音素的世界性難題，為漢字拚音開闢了一條新的途徑；利
氏還是世界上把西方數學文明特別是數學的經典《幾何原理》傳入中國的第
一人，他在肇慶開創了中西數學文化交融的新紀元。因為經典《幾何原理》
首先在肇慶開始傳播，所以肇慶是可說是中國現代數學的起源地之一。〔註36〕
即因王泮能接納不同文化的傳教士進入中國，才順利開啓西方文明進入中國
之肇始，故王泮對天主教傳入中國與明末中西文化交流，貢獻甚鉅。

二、王玉沙

　　王玉沙（1545～1620），字應麟，閩漳人。萬曆二十年年初（1592），利
瑪竇從韶州到南雄，小住十餘日，拜訪時任知縣的王玉沙，從此兩人建立了
深刻的友誼。艾儒略記述道：「厥後，到南雄府，大京兆王公玉沙諱應麟，適
宦南雄，一見利子，深相愛慕。」〔註37〕而王後來升任京兆尹，對利瑪竇後
來在北京的活動幫助甚多。我們亦可從艾儒略著之《大西西泰利先生行蹟》，
書尾所附王玉沙於 1615 年撰之《欽勅大西洋國士葬地居舍碑文》，知曉利氏
來華交遊及其身後事之情形：

　　　粤稽古用賓，在九州廣萬餘里者，斯為遐絕僅已。我國家文明盛世，
　　懷柔博洽。迄萬曆庚辰，有泰西儒士號泰西，友輩數人，航海九萬
　　里，觀光中國，始經肇慶，大司憲劉公旌之，託居韶陽郡。時余奉
　　刺凌江，竊與有聞。隨同傳伴，齎表馳燕。跋庾嶺，駐豫章，建安
　　王把遘，若追篤歡交誼之雅。……抵臨清，督稅宦官馬堂，持其貢

〔註35〕利瑪竇及（比）金尼閣著，何高濟等譯：《利瑪竇中國札記》，頁111～116。
〔註36〕瞿太素於肇慶從利瑪竇學幾何原理等科學知識，故肇慶是可說是中國現代數
　　　　學的起源地之一。
〔註37〕艾儒略：《大西西泰利先生行蹟》，冊 12，頁 204。

表，恭獻闕廷。皇上啟閱天主聖像，珍藏內帑，自鳴鐘、萬國輿圖、
琴器類，分布有司。……上命禮部賓之，遂享太官廩餼。……嗣後
李冢宰、曹都諫、徐太史、李都水、龔大參，諸公問答，勒板成書。
至於鄭宮尹、彭都諫、周太史、王中秘、熊給諫、楊學院、彭柱史、
馮僉憲、崔銓部、陳中憲、劉茂宰，同文甚都，見於敘次。衿紳翰
墨之新，槐位賁行館之重，斑斑可鏡巳。歷受館餼十載，適庚戌春，
利氏辛。

迪我偕兼具奏請卹。詔議，禮部少宗伯吳道南公，署部事，言其慕
義遠來，勤學明理，著述有稱。……奉聖旨是。宗伯迺移文少京兆
黃吉士，行宛平縣，有籍沒楊內官私朔二里溝佛寺房屋三十八間，
地基二十畝。牒大司徒，稟成命而畀之居。覆奏，蒙允。……視其
立身謙遜，履道高明，杜物欲，薄名譽，澹世味，勤德業，與賢智
共知，契愚不肖共由。……翼我中華，豈云小補。……紀我皇上柔
遠休徵，昭示萬禩，嘉惠遠人于無窮至意，為之記。以辛亥月日記
以乙卯三月朔日。欽賜房地共四十間，地墻垣週圍十二畝。南至官
道，北至嘉興觀地，東至嘉興觀，西至會中墳。〔註38〕

《大西西泰利先生行蹟》為記述利氏行儀之第一本專書，故具有甚高之歷史
考據價值。艾儒略於本書正文之末，曰：

利子未歿時，見有道行之機，且為熙朝曆法歲次，而差禮部具疏薦
利子及龐子同修，旨報可利子以道之廣傳及朝家重典。俱未可一人
獨任，因寄書本國招二三同志，多攜西書同譯，儒略始偕二三友朋，
如畢子今梁諱方濟、史子建脩諱百度等，浮海遠來，而利子是年歿
矣。然雖不及一面，亦躬造燕京瞻拜賜墳，感激熙朝之厚仁也。於
戲利子挾天學東來，矢志宣揚正教幾三十年，余不敏，略次先友行
蹟，以待後之君子有志而願知者。〔註39〕

由上文可知，艾儒略等後繼之一批傳教士，是在利氏寫信回歐洲邀請更多會
士，攜書來華，共同為中國傳教區之教務及中西文化交流而努力；雖艾儒略
未見到利氏，但亦於其墓前為之憑弔與做傳記。更因利氏於中國近三十年之

〔註38〕同上註，頁 231～236。李冢宰（李戴）、曹都諫（曹于汴）、徐太史（光
　　　　啟）、李都水（之藻）、龔大參（龔道立），熊給諫（明遇）、楊學院（廷筠）
　　　　等人。

〔註39〕同上註，頁 222～223。

獻身付出，才逐漸打開了，閉關自守的中國與歐洲文明接軌之契機。現於北京市委黨校的行政學院校園內之利瑪竇墓，其碑上刻「耶穌會士利公之墓」，有拉丁文和中文兩種文字，簡略記述了利瑪竇的一生：

> 利先生，諱瑪竇，號西泰，大西洋意大里亞國人。自幼入會真修，明萬曆壬午年航海首入中華行教。萬曆庚子年來都〔註40〕，萬曆庚戌年辛，在世五十九年，在會四十二年。〔註41〕

三、章　潢

章潢（1527～1608），利瑪竇於 1595 年至南昌時，是為江西廬山白鹿洞書院的山長，亦是聞名中國的王學大師。他不僅安排利氏與士大夫結交，更協助其於南昌定居。地方志《康熙南昌郡乘》清楚介紹章潢其人，可以理解經章潢引薦後利氏人脈愈廣：

> 章潢，字本清，南昌人。郡諸生，素有志聖賢之道……嘗纂輯圖書編一百三十卷。……弟子從游甚眾，萬曆間范知府淶，特薦章下所司，後巡按御史吳達可，復以狀聞詔遙授順天府訓導，給以月米，歿後祠祀東湖之上，弟子私諡文德先生。〔註42〕

章潢亦為利瑪竇於華南的至交瞿汝夔的老師，章潢曾曰：

> 近接瞿太素，謂曾遊廣南，睹一僧，自稱胡洛巴（即歐羅巴）人，最精曆數，行大海中，惟觀其日軌（晷），不特知時、知方，且知距東西南北遠近幾何。〔註43〕

利瑪竇 1596 年寄給羅馬富利卡提神父的信中，亦提及為何獲得章潢等人對其的信賴：

> 這些儒家幾乎全是我的朋友，對我們的教會倍極讚頌，開始喜歡我了。由於眾多的拜訪，從清早到傍晚，川流不息，我有點吃不消。因此他們其中之一（按為白鹿書院院長章本清）勸我告訴佣人，就說我不在家。我告訴他們不可以扯謊，因此他們聽了頗為感動與驚訝。現在全城皆知我是位不撒謊之人；這為他們是一奇蹟，不啻是

〔註40〕利氏為萬曆二十八年陰曆十二月 21 日入北京，為西元 1601 年初。
〔註41〕請參見本論文附錄最後之「利瑪竇墓碑」圖。
〔註42〕（清）葉舟、陳弘緒纂修：《康熙南昌郡乘》，收入《北京圖書館古籍珍本叢刊》（北京：書目文獻出版社，1988 年），史部、地理類，冊 30，頁 552。
〔註43〕黃一農：《兩頭蛇──明末清初的第一代天主教徒》，頁 34～35。於黃一農先生的專書，章潢之語引自章潢：《圖書編》，卷 16。

復活死人。……假使他們相信我們不會說謊話，將來也很容易接受我們宣講的道理。〔註44〕

也因為利瑪竇於長江流域時，認識如章潢這種德高望重的大儒學家，對利氏名聲的快速提升，具有一定關鍵性的影響力。張奉箴於其專著有云：「萬曆二十三年六月二十八日返回南昌，因了醫士王繼樓和巡撫陸仲鶴的協助，得以在南昌，開創在華第三座傳教中心。……利子得蒙建安王朱多㸒的召見，又得和前白鹿書院院長章本清（斗津又名潢），並李日華等學者訂交。利子曾在章本清和瞿太素的協助下，著成《交友論》，呈送建安王，和《記法》一冊，抄送陸仲鶴巡撫」。〔註45〕由此可知章潢對利氏關鍵性之著作《交友論》之完稿，亦有相當之貢獻。

四、李　贄

李贄，號卓吾、溫陵居士，出於泰州王門王襞（1511～1587）與羅汝芳（1515～1588）兩人的門下。李贄曾任國子監博士、姚安知府，其思想富有反傳統的批判精神，成為晚明「左派王學」中最具爭議性的人物。有明儒（按：指袁宏道）稱許他：「所著大快人心」、「千古之至言」；「求實用」、「見神骨」、「大有補於世道人心」。當時李氏的《藏書》、《焚書》，可說是人挾一冊，以為奇貨。這可見李贄的思想，在當時文教界與思想界是有突破性和影響性的。但是反對他的人也不少，批評他「惑亂人心」、「狂誕悖戾」、「刺謬不經」、「不知遵孔子家法」。李贄的思想，對傳統儒家學說確有衝擊作用，站在保守立場，他被視為「異端之尤」、「名教之罪人」是可以想像的。〔註46〕

萬曆 27 年（1599），李贄初識利瑪竇於南京，兩人交換中西人文觀念。據利瑪竇回憶，連明代的獨特思想家李贄（字卓吾，1527～1602），在讀了此書之後，作了好幾個抄本，並把這些抄本寄往湖廣一帶的弟子處，讓他們閱讀，並廣為流傳，李贄並稱讚利瑪竇的《交友論》，也敬仰其人品。〔註47〕更在其二本專著《焚書》、《續焚書》裡，都有對利瑪竇讚賞的語句。而李贄曾為利氏題扇，並有贈詩「〈贈利西泰〉」，以表對利氏的《交友論》表示敬重：

〔註44〕利瑪竇著，羅漁譯：《利瑪竇書信集》，頁 220。

〔註45〕張奉箴：《利瑪竇在中國》，頁 112～113。

〔註46〕黃文樹：〈李贄與利瑪竇的交誼及其「友論」之比較〉載於《應用倫理學術研討會論文集》（新竹：玄奘大學，2005 年 5 月），頁 130。

〔註47〕平川祐宏著，劉岸傳等譯：：《利瑪竇傳》，頁 298。

消遙下北溟，迤邐向南征；刹利標名姓，仙山紀水程。

回頭十萬里，舉目九重城；觀國之光未，中天日正明。〔註48〕

李贄在這首詩裡認為，利瑪竇來華是為觀光而來，當然是不正確的。翌年，李贄再於山東濟上（今濟寧），與劉東星（1538～1601）於漕署內會晤利瑪竇，相與對論宗教義理。事後，友人問李贄對於利瑪竇人格與才識的看法，將利瑪竇讚為「極標致人」，不像一般人以「夷狄」視之。他在另一本書《續焚書》，談及利瑪竇來華及其人其事，有曰：

承公問及利西泰，西泰大西域人也。到中國十萬餘里，初航海至南天竺始知有佛，已走四萬餘里矣。及抵廣州南海，然後知我大明國土先有堯舜，後有周孔。住南海肇慶幾二十載，凡我國書籍無不讀……今盡能言我此間之言，作此間之文字，行此間之禮儀，是一極標致人也。中極玲瓏，外極樸實，數十人群聚喧雜，譬對各得，傍不以其間鬥之使亂。我所見人未有其比，非過亢則過諂，非露聰明則太悶悶瞶瞶者，皆讓之矣。但不知到此何為，我已三度相會，畢竟不知到此何幹也。意其欲以所學易吾周孔之學，則又太愚，恐非是爾。〔註49〕

一向敢說敢言、見多識廣的李氏，對利瑪竇的《交友論》極為讚許且為之傳抄，必對其人相當敬佩，但與利氏已有一定認識，卻不能看出其來華真正用意，實為利氏適應我儒家文化，而刻意隱藏其傳教的使命，故華人多看不出，以為其萬里來華純為交友。

羅光在《利瑪竇傳》指出，李贄曾「詆毀利瑪竇」，羅光曰：「前在南京認識的李卓吾，後來遷居通州。離北京很近，卓吾本佞佛的偏見，遇人便詆毀利瑪竇」。〔註50〕羅氏引證的資料是清初張廷玉《明史》卷二二一〈耿定向傳附李贄傳〉，引文如下：「贄小有才機，辨定向（耿在倫）不能勝也。贄為姚安知府，一旦自去髮冠服坐堂，上官勒令解任。居黃安，日引士人講學，雜以婦女，專崇釋氏，卑侮孔孟，後北遊通州，為給事中張問達所劾，逮死獄中」。檢視這段傳記，乃在述說李贄與耿定向之間思想的不合與爭辯，以及李贄辭官講學，兼收男女青年，尊佛剌孔，後為言官糾劾，逮死獄中的情形，

〔註48〕李贄著、張建業主編：《李贄文集》（北京：社會科學文獻出版社，2000年。），〈贈利西泰〉，頁240。

〔註49〕李贄：《續焚書》（北京：中華書局，1961年。），〈與友人書〉，頁36。

〔註50〕羅光：《利瑪竇傳》，頁193。

全文未出現任何李贄「詆毀利瑪竇」的片言隻字。故羅光對李贄與利瑪竇之間的互動關係恐有誤解。

　　李贄對利瑪竇的積極評價，很快在社會上傳開，並引起迴響，例如裴化行《利瑪竇神父傳》即表示：「他（李贄）命人抄寫利瑪竇的《交友論》多份，分贈在湖廣的眾多弟子，送時讚揚了其價值。就這樣，……立即促進了在全中國傳播基督教學說」。〔註51〕馮應京亦是經由李贄傳入湖廣的《交友論》一書，而首聞利瑪竇之名，進而為此書作序。再如當時史部給事中曹于汴（1558～1634）可能也因此去拜訪利瑪竇。據大陸學者汪前進於專書中指出，曹氏訪問利瑪竇離去時，利氏問他為什麼來訪問，曹氏答說是他「聽聞」利氏是一位「模範人物」而慕名而來。〔註52〕這說明當時文教界有些人因受到李贄對利瑪竇的正向評價與推薦其著作而改變對西學或基督教的態度。

　　時年七十餘歲高齡的李贄，身為學界風雲人物的他，原本固執的心靈，在認識利瑪竇並與之交往後，不卑不亢，探討學問的態度，與中國一般人「夜郎自大」、「閉關自守」，拒絕新思想的心態，是截然不同的。平心而論，立於不同文化思想間相互交流了解學習，李贄的態度無疑是正確的，這在明末觀念史發展上當具有特殊的涵義。〔註53〕

　　尤其值得特別注意的是，「狂誕悖戾」的李贄，為何獨鍾於利瑪竇諸多中文著譯中之《交友論》？這種選擇背後的因素力量是什麼？我們知道，明末許多高層知識分子，即緣於《交友論》而聚集在一起相互討論，並進一步與利氏交遊。在利瑪竇撰作《交友論》之前，李贄心中的「英雄」——泰州王門何心隱（1517～1579）在〈論友〉一文中提倡「交盡於友」的主張，何氏還擴大了「仁」的內涵，認為「仁無有不親也，惟親親之為大。非徒父子之親親已也，亦惟親其所可親，以至凡有血氣之莫不親，則親又莫大於斯。」這種言論首重「友倫」，突破傳統「親親」狹隘觀念的新倫理，恰好與利瑪竇《交友論》宣揚友愛，可謂前後呼應。1579年（萬曆7年），何心隱因講學被明政府「杖殺而死」，當時李贄不顧自己生死為他「喊冤」，其不捨與不平可見一斑。李贄之敬重利瑪竇及其《交友論》應不只是「歷史巧合」，應還有更

〔註51〕（法）裴化行著，管震湖譯：《利瑪竇神父傳》（北京：商務印書館，1998年），頁263。

〔註52〕汪前進：《西學東傳第一師——利瑪竇》，頁16。

〔註53〕黃文樹：〈李贄與利瑪竇的交誼及其「友論」之比較〉，頁131。

深沉的「學術淵源」與「思想結構」。〔註54〕

　　1600 年（萬曆 28 年），李贄與利瑪竇在南京結為好友，一時李贄的講學同道紛紛從四方會聚其好友焦竑（1540～1620）府第，與利氏認識、交換意見，除了滿足好奇心理，也從而對西方文化有所知聞。學界較為罕察的是，李贄與焦竑同樣具有較為「開放的文化心態」。李贄主張思想自由，不立門戶之見，反對「執一」的獨斷作風。在李贄看來，凡是寶物，不管是物質的或是精神的，不管是本土的還是外來的，都應該珍惜、吸收、受用，絕不能因為它是外來貨，就加以鄙視、排斥。李贄與焦竑這種「多元文化思想」，在當時是新穎的，也是有影響作用的。〔註55〕

五、馮應京

　　馮應京（1555～1606），字可大，號慕岡（或慕崗、茂岡），安徽盱眙人。明史的列傳有馮應京的記述，曰：

> 馮應京，字可大，盱眙人。萬曆二十年進士。為戶部主事。督薊鎮軍儲，以廉幹聞。尋改兵部，進員外郎。二十八年，擢湖廣僉事，分巡武昌、漢陽、黃州三府。繩貪墨，摧奸豪，風采大著。稅監陳奉恣橫，巡撫支可大以下唯諾惟謹，應京獨以法裁之。奉掊克萬端，至伐塚毀屋，刳孕婦，溺嬰兒。其年十二月，有諸生妻被辱，訴上官。市民從者萬餘，哭聲動地，蜂湧入奉廨，諸司馳救乃免。應京捕治其爪牙，奉怒，陽餉食而置金其中。應京復暴之，益慚恨。明年正月，置酒邀諸司，以甲士千人自衛，遂舉火箭焚民居。民群擁奉門。奉遣人擊之，多死，碎其屍，擲諸途。可大噤不敢出聲，應京獨抗疏列其十大罪。奉亦誣奏應京撓命，陵敕使。帝怒，命貶雜職，調邊方。給事中田大益、御史李以唐等交章劾奉，乞宥應京。帝益怒，除應京名。是時，襄陽通判邸宅、推官何棟如、棗陽縣知縣王之翰亦忤奉被劾。詔宅、之翰為民，棟如遣逮。俄以都給事中楊應文論救，遂並逮應京、宅、之翰三人。頃之，奉又誣劾武昌同知卞孔時抗拒，孔時亦被逮。
>
> 緹騎抵武昌，民知應京獲重譴，相率痛哭。奉乃大書應京名，列其罪，榜之通衢。士民益憤，聚數萬人圍奉廨，奉窘，逃匿楚王府，

遂執其斥牙六人，投之江，並傷緹騎；罟可大助虐，焚其府門，可大不敢出。奉潛遣參隨三百人，引兵追逐，射殺數人，傷者不可勝計。日已晡，猶紛挐。應京因服坐檻車，曉以大義，乃稍稍解散。奉匿楚府，逾月不敢出，亟請還京。大學士沈一貫因極言奉罪，請立代還。言官亦爭以為請。帝未許。俄江西稅監李道亦奏奉侵匿狀，乃召還，隸其事於承天守備杜茂。頃之，東廠奏緹騎有死者。帝慍甚，手詔內閣，欲究主謀。一貫言民心宜靜，請亟遣重臣代可大拊循，因以侍郎趙可懷薦。帝乃褫可大官，令可懷馳往。未至，可大已遣兵護奉行。舟車相銜，數里不絕。可懷入境，亦遣使護之。奉得迤邐去。

應京之就逮也，士民擁檻車號哭，車不得行。既去，則家為位祀之。三郡父老相率詣闕訴冤，帝不省。吏科都給事中郭如星、刑科給事中陳維春更連章劾奉。帝怒，謫兩人邊方雜職，系應京等詔獄，拷訊久之不釋。應京乃於獄中著書，昕夕無倦。三十二年九月，星變修省。廷臣多請釋系囚，於是應京及宅、棟如獲釋。之翰先瘐死，而孔時系獄如故。應京志操卓犖，學求有用，不事空言，為淮西士人之冠。出獄三年卒。天啟初，贈太常少卿，諡恭節。〔註56〕

在明史的列傳中，馮應京的記載頗詳，可知他的重要性。於《明實錄》，亦記述馮應京及他被陷害之事：

錦衣衛接出 聖諭，今日覽文書，見科道官黨救王之翰、邱宅、馮應京，著錦衣衛差的當官旗，扭解來京究問。馮應京，直隸盱眙人，萬曆壬辰進士……練兵禦賊，歷戶兵二部主事。時東倭不靖，日夜倒囊延士，思以佐國家之急，以僉事備兵武漢……陳奉聞應京入境，其燄稍戢已。復恣肆應京疏其不法九大罪，奉亦劾應京，應京繫獄四年，讀書不輟，勒成《經世實用編》。甲辰放歸，丙午正月卒。天啟二年，贈太常少卿。吏部錄贈卹諸臣，應京為首，諡曰恭節。〔註57〕

萬曆二十九年（1601），馮應京偶讀利瑪竇《天主實義》一書稿本，大為感服，代為作序，在馮氏的鼓勵下，利瑪竇後年才刻印《天主實義》出版，此書被視為利瑪竇到中國，貢獻至大的天主教義理專書。馮應京亦於萬曆二十九年

〔註56〕《二十五史·明史》，卷237，列傳第125。

〔註57〕董倫等著、黃彰健校勘：《明實錄》（台北：中央研究院歷史語言所，1984年），冊12，《明神宗實錄》（中），卷357，頁6666～6667。

正月有〈刻交友論序〉，本論文已於第四章第三節〈明末士人對此書與利瑪竇的評價〉之首，詳述馮爲《交友論》刻的序，也是多個單行與叢書本收有《交友論》皆有的序，可見後人對此序的重視。不僅如此，馮更在獄中爲利氏的《兩儀玄覽圖》作過序文，出獄後又爲《二十五言》作〈重刻二十五言序〉。

　　由上即知馮應京與利瑪竇在學術上的合作頗多。雖然「應京和瑪竇相會只有兩次，相處的時間都很短，彼此僅僅以著作，和通信互相聯絡，二人情同膠漆」。〔註58〕黃一農先生於其研究的著作指出，「二十九年二月朔，歷經萬難的利瑪竇抵京貢方物，當他得知馮氏對其學頗感興趣，遂趕在應京入獄前與之促膝暢談，兩人自此結爲好友」。〔註59〕因馮與利氏友誼頗佳，是故如方豪等近代教會學者，認爲馮氏曾受洗爲天主教徒。〔註60〕但經筆者查證，《利瑪竇中國札記》於專章中提及馮應京之事：

> 馮慕岡入獄前，利瑪竇神父去看過他。他們一起待了一個小時，成爲莫逆，以至很多人以爲他們是多年的老朋友。這種友誼在馮慕岡獄中三年的時間始終繼續，由於相互交換信函和關心而保持下來。他（按：指馮應京）從獄裡釋放出來後，只被允許在北京停留三天，他忙於接受祝賀，簡直找不出時間可以領洗。……在南京工作的神父過些時候可以爲他安排洗禮，既然馮慕岡當時健康良好，這看來是個很好的意見。……南京的神父得到訓令不失時宜地引導此人皈依基督，但是死亡跑在他們的前面。他生了病，幾天之內便死了。我們都希望，他既爲自己的過失而懺悔，他對洗禮的渴望，就足以代替這一聖禮了。〔註61〕

羅光先生於其專著中亦指出，「當他出獄時，在這裡住了兩三天，朝廷官員都去看他，我們神父和他談話很短，沒有能夠給他授洗，但是大家早已以爲他是天主教友了」。〔註62〕從利氏的札記與羅光先生的專著可知，方豪先生的論述是錯的，但因馮利兩人友誼頗固，故有的學者會想當然耳地認爲，馮氏早已受洗爲天主教徒了。

〔註58〕羅光：《利瑪竇傳》，頁135。
〔註59〕黃一農：《兩頭蛇——明末清初的第一代天主教徒》，頁109。
〔註60〕請參見方豪：〈明末清初天主教適應儒家學說之研究〉載於《方豪六十自定稿》，頁211。方豪先生認爲，利氏於1602年受洗。
〔註61〕利瑪竇及（比）金尼閣著，何高濟等譯：《利瑪竇中國札記》，卷四，第十五章，頁301～302。
〔註62〕羅光：《利瑪竇傳》，頁138。

第六章 結 論

　　利瑪竇由 1582 年（時 30 歲）隨耶穌會士到達澳門，隔年正式進入廣東肇慶，1589 年被迫移居韶州。隨著對中國情況的日漸了解，唯有獲得皇帝的允許才能在中國開教成功順利，遂有意往北京前進；此一願望本可於 1595 年成爲事實，但終因日本在朝鮮的戰爭而落空。但在南京也不得長住的情形下，聽朋友勸告轉往南昌定居，使他向內陸深入的目標朝前邁進了一大步〔註1〕，且南昌位處交通要衝，交化氣息比東南沿海的廣東濃郁，更以《交友論》獲取了明宗室建安王朱多㷂等的歡心，使其名氣大增；同時，白鹿書院院長章本清更爲利瑪竇與知識份子的交往架起橋樑。《交友論》在出版前曾經章本清修改，正是此書大大提高了利瑪竇在中國知識界的知名度。〔註2〕戴維揚先生於紀念利瑪竇來華四百年的文章，特別指出《交友論》的特色：

　　　　利瑪竇的中文著作當中，最具『友誼傳教』精神的首推《交友論》。
　　　　由於利子宣教不以直接了當、開門見山、慷慨激昂的斥責、訓誨、
　　　　叫號，而代之以不急、不躁、謙卑柔和的交談，甚至於耐心地聽對
　　　　方數小時暢談，自己卻少開口。他認爲這樣子的友誼傳教，才是最
　　　　有效的方法。〔註3〕

〔註1〕　張奉箴：《利瑪竇簡略年譜》，頁 4～8，詳細記載 1582～1595 年利瑪竇於
　　　　中國活動情形。
〔註2〕　郝貴遠：〈從利瑪竇交友論說起〉《世界歷史》1994 年第 5 期，頁 131～
　　　　132。
〔註3〕　戴維揚：〈從《交友論》看中西思想文化交流史上的一個範例：利瑪竇與
　　　　徐光啓〉載於《紀念利瑪竇來華四百週年中西國際學術研討會論文集》（台
　　　　北縣：輔仁大學出版社，1983 年），頁 186。

當然利瑪竇除了寫作《交友論》外，也是中外交通史、中西文化交流史、近代中國科技史，亦是西洋傳入中國藝術史〔註4〕的著名人物，實爲明末清初西學東漸的巨匠與開創者。更有甚者，他是來華西人，第一個運用對話體來著書者，更在利瑪竇逝世的二百年後，有傳教士將對話語體應用於章回小說，可見利瑪竇著書影響之鉅。〔註5〕交遊廣闊，除徐光啓、李之藻、楊廷筠這些支持西學傳播朝廷重臣外，還有很多跟隨他學習西學者，翻譯和撰寫的漢文著作 19 種，其中收入《明史‧藝文志》的有 6 種，《四庫全書總目》有評介的有 13 種。〔註6〕他也是《明史‧外國傳》在人物傳記中唯一多次談到的歐洲人，在文中特肯定利瑪竇等耶穌會士：

> 意大義亞居大西洋中，自古不通中國。萬曆時，其國人利瑪竇至京師，爲萬國全圖，言天下有五大洲。……至萬曆九年（按：利瑪竇實於萬曆十年，即西元 1582 年 8 月抵澳門），利瑪竇始汎海九萬里抵廣州之香山澳，其教遂沾染中土。至二十九年入京師，……帝嘉其遠來，假館授粲，給賜優厚，公卿以下重其人，咸與晉接，瑪竇安之，遂留居不去，以三十八年四月卒於京，賜葬西郭外。……其國人東來者，大都聰明特達之士，專意行教，不求利祿，其所著書，多華人所未道，而一時好異者咸尚之，而士大夫徐光啓、李之藻輩，

〔註4〕 請參見向達：〈明清之際中國美術所受西洋之影響〉，載於《唐代長安與西域文明》（北京：生活‧讀書‧新知三聯書店，1979 年 9 月），頁 495～531。向達於文章中指出，「利瑪竇繼來中國，而後中國之天主教始植其基，西洋學術因之傳入；西洋美術之入中土，蓋亦自利瑪竇始也。」感謝國立台北大學民俗藝術研究所所長林鋒雄教授提供此書目。

〔註5〕 例如他經耶穌會內部審核獲准，於 1603～1604 年在北京刊印的《天主實義》，就是採用晚明講學盛行的語體錄，由中士提問與西士釋疑的假設問答，往返問答，凡 114 次。繼之艾儒略亦使用過對話體來著書，英國的傳教士米怜（William Milne,1785～1822），將對話體應用於章回小說，可能是十九世紀西人於中國著書翻印最多次、流傳甚廣的西人漢語小說。但溯其根源，利瑪竇乃是西人著對話語體書籍的鼻祖，方才開啓爾後數百年中西文化交流的新頁。《天主實義》部份，請參考余施霖：《李之藻《天學初函》之研究》，頁 272～274。另在章回小說部份說明，請見宋莉華：〈第一部傳教士中文小說的流傳與影響～米怜《張遠兩友相論》論略〉《文學遺產》，2005 年 2 期，2005 年 3 月。此單篇論文，感謝國立台北大學古典文獻學研究所所長王國良教授提供此條論文篇目。

〔註6〕 陳登：〈從西學翻譯看利瑪竇對中國文化影響〉，頁 71；潘玉田、陳永剛：《中西文獻交流史》（北京：北京圖書館出版社，1999 年 7 月），頁 36。

首好其說且爲潤色其文詞，故其教驟興時，著聲中土。〔註7〕

《明史》清楚的記載利氏來華後的過程，「公卿以下重其人，咸與晉接，瑪竇安之，遂留居不去」，由此可看出，他在中國，受人敬重與交友之富的實情。在十六世紀末的外國訪客裡，不乏與中國知識份子進行互動文化交流的人士與著作。最好的一個例子，就是利瑪竇及他第一本以中文寫成的書《交友論》，從此獲得明末士人們的信賴與重視。這本書取得了很大的成功，說明了中國與西洋首次進行深入的文化交流，乃是以友誼作爲象徵。當我們看中西後續的歷史發展，的確充滿了衝突與不公，但也不該忘記這個以友誼爲象徵所帶來的意義。

相信，未來一定有更多的學者專家，會投入研究明末清初西學東漸的歷史，對於後人了解這四百多年來中西文化交流、衝突等前因後果及其影響，將會有非常重要的意義。筆者謹以此論文，試圖回過頭來看四百多年前中西文化交流之歷史，拋磚引玉希望能鼓勵更多人投入這方面的研究，並再探究利瑪竇此書的影響。

〔註7〕　《二十五史·明史》，卷326，外國傳，頁929～930。

參考書目

一、中文專書

1. 一八四〇年之前的中國基督教,孫尚揚、(比)鍾鳴旦,北京:學苑出版社,2004 年 4 月。

2. 上帝的使徒——明末清初的耶穌會士,陳寶良,台北:萬卷樓圖書公司,2001 年 1 月。

3. 天主教 16 世紀在華傳教誌,(法)裴化行著,蕭濬澤譯,台北:台灣商務印書館,1964 年。

4. 天主教中國化之探討,李善修,台中:光啓出版社,1979 年。

5. 天主教東傳文獻,利瑪竇、南懷仁,台北:台灣學生書局,1965 年。

6. 天主教東傳文獻續編(共 3 冊),徐光啓等,台北:台灣學生書局,1966 年。

7. 天主教東傳文獻三編(共 6 冊),艾略儒等,台北:台灣學生書局,1984 年。

8. 中西文化交流先驅——從利瑪竇到郎世寧,許明龍,北京:東方出版社,2003 年。

9. 中西文學因緣,李奭學,台北:聯經出版公司,1991 年。

10. 中西文獻交流史,潘玉田、陳永剛,北京:北京圖書館出版社,1999 年 7 月。

11. 中西交通史,方豪,台北:中國文化大學出版部,1983 年 12 月,新一版。

12. 中國天主教史人物傳,方豪,香港:公教眞理學會編輯,1967 年 4 月。

13. 中國天主教史籍彙編,陳方中,台北縣:輔仁大學出版社,2003 年 7 月。

14. 中國天主教的過去和現在,顧裕祿,上海:上海社科出版社,1989 年。

15. 中國天主教編年史，顧衛民，上海：上海書店，2003 年 4 月。

16. 中國天主教簡史，晏可佳，北京：宗教文化出版社，2001 年 4 月。

17. 中國天主教傳教史，德禮賢，台北：台灣商務印書館，台三版，1983 年。

18. 中國天主教傳教史概論，徐宗澤，載於《民國叢書》第二編哲學宗教類，上海：上海書店，1989 年。

19. 中國和基督教——中國和歐洲文化之比較，謝和耐，上海：上海古籍出版社，1991 年。

20. 中國的基督教，周燮藩，北京：商務印書館，1997 年 4 月。

21. 中國晚明與歐洲文學——明末耶穌會古典型證道故事考詮，李奭學，台北：中央研究院、聯經出版公司，2005 年。

22. 中國與歐洲早期宗教與哲學交流史，張西平，北京：東方出版社，2001 年 8 月。

23. 方豪六十自定稿，方豪，台北：台灣學生書局，1969 年。

24. 方豪文錄，方豪，上海：上海翻譯館，1948 年。

25. 史學方法論，杜維運，台北：三民書局，2001 年 10 月，第十四版。

26. 西力東漸史，馮承鈞，華世出版社，1975 年 6 月。

27. 西塞羅文錄，梁實秋，上海：商務印書館，1947 年 3 月三版。

28. 西學東傳第一師——利瑪竇，汪前進，北京：科學出版社，2000 年 12 月。

29. 西學東漸中國事：「雜書」札記，增田社，東京都：岩波書店，1979 年。

30. 西學東漸史，容純甫，載於《民國叢書》第四編，上海：上海書店，1989 年。

31. 西學東漸記，（清）容閎，台北：廣文書局，1961 年。

32. 西學東漸與東學西漸，劉登閣，北京：社科出版社，2000 年。

33. 西學東漸與明清之際教育思潮，白莉民，北京：教科出版社，1989 年。

34. 西學與晚明思想的裂變，李同一，上海：上海人民出版社，1998 年 8 月。

35. 在華耶穌會士列傳及書目，（法）費賴之、馮承鈞譯，北京：中華書局，1995 年 11 月。

36. 李之藻研究，方豪，台北：台灣商務印書館，1966 年。

37. 李贄文集，李贄著、張建業主編，北京：社會科學文獻出版社，2000 年。

38. 李贄的真與奇，許蘇民，南京：南京出版社，1998 年。

39. 改變中國，史景遷著、溫洽溢譯，台北：時報文化出版公司，2004 年。

40. 利瑪竇入華及其他，張錯，香港：城市大學出版社，2002 年。

41. 利瑪竇小傳，利瑪竇來華四百週年慶祝委員會編著，台南：聞道出版社，1983 年。

42. 利瑪竇中文譯著集,朱維錚,香港:城市大學出版社,2001 年。

43. 利瑪竇中國札記,利瑪竇、(比)金尼閣著,何高濟譯,桂林:廣西師大出版社,2001 年 9 月。

44. 利瑪竇中國傳教史(利瑪竇全集 第一、二冊),劉俊餘、王玉川合譯,台北:光啓社;台北縣:輔大出版社,1986 年 6 月。

45. 利瑪竇在中國,張奉箴,台南:聞道出版社,1983 年 12 月。

46. 利瑪竇神父與中國,儌花小組編,台中:光啓出版社,1984 年 1 月再版。

47. 利瑪竇神父傳,(法)裴化行著,管震湖譯,北京:商務印書館,1998 年。

48. 利瑪竇書信集(利瑪竇全集 第三、四冊),羅漁譯,台北:光啓出版社;台北縣:輔大出版社,1986 年 6 月。

49. 利瑪竇評傳,(法)裴化行著,管震湖譯,北京:商務印書館,1993 年 5 月。

50. 利瑪竇傳,平川祐宏著,劉岸傳等譯,北京:光明日報出版社,1999 年 1 月。

51. 利瑪竇傳,史景遷著,王改華譯,西安:陝西人民出版社,1991 年。

52. 利瑪竇傳,羅光,台北:台灣學生書局,1979 年。

53. 利瑪竇傳(西泰子來華記),雲先・克魯寧著、思果譯,台中:光啓出版社,1982 年 9 月再版。

54. 利瑪竇與中國,林金水,北京:中國社會科學出版社,1996 年 4 月。

55. 利瑪竇與徐光啓,孫尚揚,北京:新華出版社,1993 年。

56. 利瑪竇簡略年譜,張奉箴,台南:聞道出版社,1982 年 9 月。

57. 兩頭蛇——明末清初的第一代天主教徒,黃一農,新竹:清大出版社,2005 年 9 月。

58. 明末奉使羅馬教廷的耶穌會士卜彌格傳,沙不列撰、馮承鈞譯,台北:台灣商務印書館,1960 年。

59. 明末清初中西文化衝突,林仁川、徐曉望,上海:華東師大出版社,1999 年 10 月。

60. 明末清初東來耶穌會士翻譯著述研究,裴源,台北:建一出版社,1984 年 8 月。

61. 明末清初耶穌會思想匯編,鄭安德編,北京:北京大學宗教研究所,2000 年。

62. 明清間耶穌會士譯著提要,徐宗澤,上海:上海書店,1989 年。

63. 明清傳教士與歐洲漢學,張國剛等著,北京:社會科學出版社,2001 年 5 月。

64. 所傳爲何?基督教在華宣教的檢討,Jessie G. Lutz 著,王成勉譯,新店:國史館,2000 年。

65. 耶穌會士中國書簡集:中國回憶錄,杜赫德主編,鄭德弟等譯,鄭州:大象出版社,2001 年 12 月。

66. 耶穌會士在中國，賴詒恩著、陶爲翼譯，台中：光啓出版社，1965 年。

67. 耶穌會的北京導覽——天主教與中國文化的相遇，梅謙立，台北：光啓文化事業，2005 年 5 月。

68. 耶穌會適應策略研究，張鎧，北京：北京圖書館出版社，1997 年 5 月。

69. 耶穌會羅馬檔案館明清天主教文獻，鐘鳴旦、杜鼎克，台北：利氏學社，2002 年。

70. 倫理學，亞理士多德著，苗力田譯註，台北縣：知書房出版社，2001 年。

71. 徐光啓，王重民，上海：上海人民出版社，1981 年。

72. 徐光啓，吳季桓，台北：名人出版社，1982 年 3 月。

73. 徐光啓集，徐光啓撰、王重民輯校，台北：明文書局，1986 年 2 月。

74. 徐光啓傳，羅光，台北：傳記文學出版社，1960 年 4 月。

75. 追尋現代中國（上），史景遷著，溫洽溢譯，台北：時報文化出版公司，2002 年 3 月。

76. 基督教與帝國文化，王曉朝，北京：東方出版社，1997 年 9 月。

77. 基督教早期在華傳教史，李志剛，台北：台灣商務印書館，1985 年。

78. 從中西初識到禮儀之爭——明清傳教士與中西文化交流，張國剛，北京：人民出版社，2003 年。

79. 從利瑪竇到湯若望——晚明耶穌會傳教士，鄧恩著，余三樂等譯，上海：上海古籍出版社，2003 年 1 月。

80. 晚明基督論，（意）柯毅霖著，王志成等譯，成都：四川人民出版社，2003 年 4 月。

81. 聖朝闢邪集，（明）鍾始聲撰、柴田篤解題，京都：京都出版社，1972 年（近世漢籍叢刊荒木見悟、岡田武彥 編，思想篇第四，卷 14，據 1861 年刊本影印）。

82. 楊廷筠——明末天主教儒者，[比]鐘鳴旦著、聖神研究中心譯，北京：社會科學文獻出版社，2002 年 1 月。

83. 傳教士漢學研究，張西平，鄭州：大象出版社，2005 年 5 月。

84. 歐化東漸史，張星烺，載於《民國叢書》，第四編，上海：上海書店，1989 年。

85. 歷史遺痕，高智瑜策劃主編，北京：中國人民大學出版社，1994 年 4 月。

86. 續焚書，李贄，北京：中華書局，1961 年。

二、單篇中文論文

1. 十七、十八世紀西學文獻在中國的傳播，潘玉田等著，固原師專學報，15 卷 3 期，1994 年 3 月。

2. 十六至十八世紀來華耶穌會士對長江文化的解讀，康志杰，江漢論壇，2003年，第 1 期。

3. 人生實踐悟出之眞諦——孔子與利瑪竇交友觀之比較，康志傑，孔孟月刊，35 卷 7 期，1997 年 3 月。

4. 天主教和中國文化，于斌，恆毅月刊，20 卷 11 期，239 號，1971 年 6 月。

5. 中西文化傳播的雙向互動與文化轉型，王曉朝，台大歷史學報，第 29 期，2002 年 6 月。

6. 日本人眼裡的第一位世界公民——《利瑪竇傳》略評，姚小平，外語教學與研究，32 卷 1 期，2000 年 1 月。

7. 西塞羅，阿肯，教師之友月刊，2004 年 4 期，2004 年 4 月。

8. 西學在《四庫全書》中的反應，王永華，圖書館工作與研究，2002 年，第 1 期。

9. 西學東漸與明代社會特徵，李寶臣，北京社會科學，1994 年，第 2 期。

10. 合校本交友論序例，葉德祿，上智編譯館館刊，3 卷 1 期，1948 年 1 月。

11. 合校本交友論，葉德祿，上智編譯館館刊，3 卷 5 期，1948 年 5 月。

12. 李贄與利瑪竇的交誼及其「友論」之比較，黃文樹，載於《應用倫理學術研討會論文集》，玄奘大學出版社，2005 年 5 月。

13. 初期天主教的傳播與文化，黎正甫，恆毅月刊，21 卷 5 期，245 號，1971 年 12 月。

14. 初期天主教的傳播與文化（續），黎正甫，恆毅月刊，21 卷 6 期，246 號，1972 年 1 月。

15. 初期天主教的傳播與文化（再續），黎正甫，恆毅月刊，21 卷 7 期，247 號，1972 年 2 月。

16. 利瑪竇之死——中西文明相互的折衷與排斥，張錯，當代第 135 期，1998 年 11 月。

17. 利瑪竇在中國的活動與影響，林金水，歷史研究，1983 年，第 1 期。

18. 利瑪竇在北京的傳教工作，張奉箴，輔仁人文學報，第 3 期，1972 年 12 月。

19. 利瑪竇年譜，方豪，載於方豪六十自定稿，台北：台灣學生書局，1969 年。

20. 利瑪竇在南昌的二次傳教風波，鄧愛紅，江西教育學院學報（社科版），26 卷 1 期，2005 年 2 月。

21. 利瑪竇《交友論》的譯刊與傳播，鄒振環，復旦大學學報（社科版），2001 年，第 3 期。

22. 利瑪竇《交友論》新研，方豪，方豪六十自定稿，台北：台灣學生書局，1969 年。

23. 利瑪竇的中文著述,顧保鵠,神學論集,第 56 期,1983 年 7 月。

24. 利瑪竇的《交友論》及其對晚明社會的影響,關明啓,廣東教育學院學報,25 卷 4 期,2005 年 8 月。

25. 利瑪竇傳,(日)中村久次郎著、周一良譯,禹貢,5 卷 3、4 期合刊,1936 年 4 月。

26. 利瑪竇、章潢、熊明遇與南昌地區的西學東漸,鄧愛紅,江西教育學院學報(社科版),25 卷 4 期,2004 年 8 月。

27. 利瑪竇與西學東漸,于春梅、劉淑梅,齊齊哈爾大學學報(哲社版),2002 年,第 1 期。

28. 利瑪竇與西學東漸評議,疏仁華,巢湖學院學報,2003 年,第 2 期。

29. 利瑪竇與明末儒學的交流與目的,沙季舫,中國文化月刊,第 221 期,1998 年 8 月。

30. 利瑪竇論,康志杰,湖北大學學報(哲社科版),1994 年第二期,1994 年 4 月。

31. 利瑪竇翻譯西洋術語的首創之功,馮天瑜,中西文化研究,2003 年,第 2 期,2003 年 12 月。

32. 明末西學東漸重評,寶成關,學術研究,1994 年,第 3 期。

33. 明末西學東漸與傳教士,陳月清,中國青年學院報,1996 年,第 3 期。

34. 明末清初西學東漸漫說,袁荻涌著,貴州文史叢刊,1996 年,第 6 期。

35. 明末清初天主教適應儒家學說之研究,方豪,載於方豪六十自定稿,台北台灣學生書局 1969 年。

36. 明末清初來廣東的傳教士與西學東漸,何大進,廣州大學學報(社科版),1 卷 6 期,2002 年 6 月。

37. 明末清初耶穌會士來華與中西文化的交流、互識及衝突,黃绣媛,菁莪,11 卷 4 期,2000 年 1 月。

38. 明末清初耶穌會士對中國經典的詮釋及其演變,古偉瀛,台大歷史學報,第 25 期,2000 年 6 月。

39. 明清之際中國美術所受西洋之影響,向達,載於唐代長安與西域文明,北京生活‧讀書‧新知三聯書店,1979 年 9 月。

40. 明清在華耶穌會士面向西方描述的江西,梁洪生,江西師大學報,36 卷 1 期,2003 年 1 月。

41. 故義大利漢學家德禮賢著作正誤,方豪,方豪六十自定稿,台北:台灣學生書局,1969 年。

42. 重新確定中國現代史的開始——讀《利瑪竇入華及其他》,尉天驄,明報月刊,36 卷 12 期,2001 年 12 月。

43. 書評：鐘鳴旦、杜鼎克主編《耶穌會檔案館明清天主教文獻》，李天綱，台大歷史學報，第 32 期，2003 年 12 月。

44. 基督文明的明清入華策略，張錯，當代，第 129 期，1998 年 5 月。

45. 教宗致詞稿，《利瑪竇到北京四百週年國際學術研討會集》，羅馬，額我略大學出版社，2001 年。

46. 略論利瑪竇在南昌的傳教活動，李未醉、李魁海，忻州師院學報，20 卷 4 期，2004 年 8 月。

47. 第一部傳教士中文小說的流傳與影響——米憐《張遠兩友相論》論略，宋莉華，文學遺產，2005 年 2 期，2005 年 3 月。

48. 晚明天主教思想對士大夫的影響，賈二強，哲學與文化，21 卷 9 期，1994 年 9 月。

49 從西學翻譯看利瑪竇對中國文化影響，陳登，湖南大學學報（社科版），16 卷 1 期，2002 年 1 月。

50. 從《交友論》看中西思想文化交流史上的一個範例：利瑪竇與徐光啓，戴維揚，載於《紀念利瑪竇來華四百週年中西國際學術研討會論文集》，台北縣：輔仁大學出版社，1983 年。

51. 從利瑪竇《交友論》說起，郝貴遠，世界歷史，1994 年，第 5 期。

52. 從教外典籍見明末清初之天主教，陳垣，國立北平圖書館館刊，8 卷 2 期，1934 年 3 月。

53. 評利瑪竇的文化交流觀，楊國章，中國文化研究，1994 年，春之卷。

54. 馮琦與利瑪竇的一段友好交往，朱炳旭，中國天主教，2000 年，第 4 期。

55. 馮應京與利瑪竇，康志杰　安徽史學，1995 年，第 3 期。

56. 試論利瑪竇的漢化傾向，高智瑜、林華，新視野，2000 年，第 2 期。

57. 試論利瑪竇的傳教方式，郭熹微，世界宗教研究，1995 年，第 1 期。

58. 試論傳教士在「西學東漸」的作用，蔣玉峰等著，河南大學學報（社科版），35 卷 6 期，1995 年 6 月。

59. 論利瑪竇匯合東西文化的嘗試，湯一介，文化雜誌，第 21 期，1994 年 3 月。

60. 論《論語》與《友論》的人倫思想，康志杰，韓山師院學報，2001 年第 4 期，2001 年 12 月。

61. 基督教精神與歐洲古典傳統的合流——利瑪竇《西琴曲意》初探，李奭學，聯合文學，第 203 期，2001 年 9 月。

62. 歷史·虛構·文本性——明末耶穌會「世說」修辭學初探，李奭學，中國文哲研究集刊，第 15 期，1999 年 9 月。

63. 澳門在西學東漸的地位，盧燕麗，西安政治學院報，12 卷 6 期，1999 年 12 月。

64. 讀何俊"西學與晚明思想的裂變",郭熹微,世界宗教研究,1999 年,第 4 期。

65. 「e～考據時代」的中國天主教史研究:以瞿太素及其家難爲例,黃一農,中外交流史研究的新方向——以基督宗教爲中心研討會論文集,2005 年 7 月。

三、論文集

1. 天主教在華傳教史文集,羅光主編,台北:徵祥出版社,1968 年。

2. 中外交流史研究的新方向——以基督宗教爲中心研討會論文集,台北,台大東亞文明中心,2005 年。

3. 利瑪竇研究論集,(日)中村久次郎等著,香港,崇文書店,1971 年。

4. 紀念利瑪竇來華四百週年中西國際學術研討會論文集,台北縣:輔仁大學編製,1983 年。

5. 基督教和中國本色化國際學術研討會論文集,林治平主編,台北:宇宙光出版社,1990 年。

6. 從天主教的衝擊,看明末清初時期中西文化論戰背景與意義——近代中國初期研討會論文集(上),台北:中央研究院近史所編,王家儉,1980 年。

四、學位論文

1. 李之藻《天學初函》之研究,余施霖,台北市立師院應用語言文學研究所碩士論文,2005 年。

2. 利瑪竇中文譯著中文學重寫現象研究(中英文題名並列,A Study of Rewritings in Matteo Ricci´s Chinese Tranlations and Writings),符金宇,廣東外語外貿大學外語及應用語言學研究所碩士論文,2005 年。

3. 利瑪竇的儒學觀和朝鮮反教運動,吳在環,台灣師大歷史研究所博士論文,1991 年。

4. 利瑪竇倫理思想研究——兼論利瑪竇對中西文化的會通,陳登,湖南師大倫理研究所博士論文,2002 年。

5. 明末耶穌會士在韶州的活動,李曉芳,暨南大學(廣州)中國文化史籍研究所碩士論文,2003 年。

6. 晚明傳教士的中國意像——以社會生活的觀察爲中心,吳惠雯,台灣師大歷史研究所碩士論文,2004 年。

7. 楊廷筠與中國天主教會,韓玲玲,輔仁大學宗教研究所碩士論文,1993 年。

五、古典書籍及書目

1. 大西西泰利先生行蹟,艾儒略,載於《耶穌會羅馬檔案館明清天主教文獻》,冊 12,台北:利氏學社,2002 年。

2. 千頃堂書目,(清)黃虞稷,台北:廣文書局,1981 年。

3. 天學初函影印本,李之藻,台北:台灣學生書局,1964 年。

4. 中國叢書廣錄,陽海清編撰,武漢:湖北人民出版社,1999 年。

5. 日本東京大學東洋文化研究所漢籍分類目錄,東京大學東洋文化研究所編,東京:汲古書院,1981 年。

6. 內閣文庫漢籍分類目錄,內閣文庫編,台北:進學書局,1970 年。

7. 古今圖書集成,(清)陳夢雷,台北:鼎文書局,1985 年再版。

8. 北京圖書館古籍珍本叢刊,北京圖書館古籍出版編輯組編,北京:書目文獻出版社,1988 年。

9. 四庫全書存目叢書,四庫叢書編委會,台北:莊嚴文化事業公司,1995 年。

10. 百部叢書集成,嚴一萍等輯,台北:藝文印書館,1971 年。

11. 明史,二十五史編委會,載於《二十五史》,上海:上海古籍出版社,1990 年。

12. 明實錄,董倫等著、黃彰健校勘,台北:中央研究院歷史語言研究所,1984 年。

13. 京都大學人文科學研究所漢籍目錄,京都大學人文科學研究所編,京都:人文科學研究協會,1981 年。

14. 書目類編,嚴靈峰編輯,台北:成文出版社,1978 年。

15. 徐家匯藏書樓明清天主教文獻,鐘鳴旦等編,台北縣:輔仁大學神學院,1996 年。

16. (崇禎)松江府志,(明)方岳貢修、(明)陳繼儒纂,北京:書目文獻出版,1991 年。

17. 康熙南昌郡乘,(清)葉舟、陳弘緒纂修,載於北京圖書館古籍珍本叢刊,北京:書目文獻出版社,1988 年,史部、地理類,冊 30。

18. 景印文淵閣四庫全書,(清)紀昀等總纂,台北:台灣商務印書館,1983 年。

19. 欽定四庫全書總目,(清)永瑢等撰,台北:藝文印書館,1997 年。

20. 說郛三種,(明)陶宗儀、陶珽,上海:上海古籍出版社,1988 年。

21. 廣百川學海,(明)馮可賓、陳太史校,台北:新興書局,1970 年。

22. 靜嘉堂文庫漢籍分類目錄,靜嘉堂文庫編,東京:靜嘉堂文庫,1930 年。

23. 叢書書目匯編,沈乾一,上海:上海醫學書局,1929 年。

24. 叢書集成新編,新文豐出版公司編輯部編,台北:新文豐出版社,1985 年。

25. 續修四庫全書,續修四庫全書編纂委員會,上海:上海古籍出版社,2002 年。

六、外文專書

1. Albert Chan：*Chinese books and documents in the Jesuit Archives in Rome：a descriptive catalogue,Japonica-Sinica I-IV*,New York,M.E.sharpe 2001.

2. Matteo Ricci：*Le lettere dalla Cina （1580～1610） / con appendice di documenti inediti*,Macerata Premiato Stabilimento Tipografico,1913.

七、外文期刊論文

1. Ⅱ Trattato sull'Amicizia：Primo Libro scritto in cinese da Matteo Ricci S. I. （1595）,Pasquale M. D'Elia,Romae：[S.M.] Ⅶ,1952.

附　錄

《交友論》書影一：馮應京原刻本

答建安王仲竟友論

大西洋耶穌會士利瑪竇述

竇也自太西航海入中華，仰
大明天子之文德，古先王之遺教，下室領義，星霜亦屢易
炎。今年春時度嶺浮江，抵於金陵，覩
上國之光，沾沾自喜，以為庶幾不負此遊也。遠覽未周，返
棹至豫章，停舟南浦，縱目西山，玩奇挹秀，計此地為至
人淵藪也，低回留之不能去，遂捨舟就舍，因而赴見。
建安王，荷不鄙許之以長揖，賓序設醴驩甚。
王乃移席擲手而言曰：凡有德行之君子，厤臨吾地，未嘗

交友論

交友之先宜察，交友之後宜信。

有德之君子無興仇，必有善友以相資。
孝子繼父之所交友，如承受父之產業矣。
時當年邁，無事難指友之真偽，臨難之項，則友之情……
吾友非他，即我之半，乃第二我也，故當視友如己焉
何如寶退，而從速襄少所同輊成友道一帙，敬陳於……
不請而友，且敬之，太邪為道義之邪，願聞其論……

雖智者亦謬計已，友多乎實矣……
友之饋友而淫，恨非償也，與市易等耳
友與仇如樂與閙，皆以和否辨之耳，故友以和為本焉
和微業長大，以爭大業消敗業，如……
在患時吾惟喜看友之固然，或患或幸，何時友無有……
時滅憂欣，時增欣……
仇之惡以殘仇，深於友之愛以恩，友……
强于惡哉
人事情莫測，友誼難憑，今日之友，後或變而成仇，今日……

《交友論》書影二：朱廷策校本

友論引

竇也自大西航海入中華仰

大明天子之文德古先王之遺敎卜室嶺表星

霜亦屢易矣今年春時度嶺浮江抵於金陵

觀

上國之光沾沾自喜以爲庶幾不負此遊也遠

覽未周返棹至豫章停舟南浦縱目西山玩

奇挹秀計此地爲至人淵藪也低回願之不

《交友論》書影三：匯堂石室藏本

授此心此理若合契符藉有錄之以備陳風采謡之獻其為國
之瑞不更在楮矢白雄百累之上哉至其論議精粹中自具足
無俟掜出矣然于公特百分一家藏之或有如房相國融等為筆授
其性命理數之說勒成一家藏之通國副在名山使萬世而下
有知其解者未必非昭事上天之準的也
萬曆己亥正月穀旦友人瞿汝夔序

交友論

歐邏巴人　利瑪竇撰

竇也自最西航海入中華，仰
大明天子之文德，古先王之遺
敎，卜室嶺表，星霜亦屢易矣。今年春時度嶺浮江抵於金陵，觀
上國之光，沾沾自喜以為庶幾不負此遊也。遠覽未周，返棹至
豫章，停舟南浦，縱目西山，玩奇挹秀計此乃為至人淵藪也，低
回留之不能去。遂捨舟就舍，因而赴見建安王。荷不鄙許之以
長揖，賓序設體驪甚。王乃移席握手而言曰：凡有德之君子，
辱臨吾地，未嘗不請而友且敬之，西邦為道義之邦，願聞其論
友道何如，竇退而從述，少所聞，輯成友道一帙，敬陳於左。
吾友非他，即吾之半，乃第二我也，故當視友如己焉。友之與

《交友論》書影四：紅格寫本

交友論　　　　　歐邏巴人　利瑪竇　譔

竇也自最西航海入中華仰　大明天子之文德古先王之遺
教卜室嶺表且薄赤壤易吳今年春時度嶺浮江抵於金陵觀
上國之光沾沾自喜以為庶幾不負此遊也遠覽未周返棹至
豫章停舟南浦縱目西山玩奇挹秀計此地為至人淵藪也低
回留之不能去遂挈舟就舍因而赴見建安王荷不鄙許之以
長揖賓序設醴驩甚王乃移席握手而言曰凡有德行之君子
辱臨吾地未嘗不請而友且敬之而邦為道義之邦願聞其論
友道何如竇退而從述晨少所聞輯成友道一帙敬陳於左

《交友論》書影五：天學初函本

交友論　歐邏巴人　利瑪竇　譔

竇也自最西航海入中華仰
大明天子之文德古先王之遺教卜室嶺表星霜亦
屢易矣令年春時度嶺浮江抵於金陵觀
上國之光沾沾自喜以為庶幾不負此遊也遠覽未
周返棹至豫章停舟南浦縱目西山玩奇挹秀計
此地為人淵藪也低回留之不能去遂捨舟就
舍閒而赴見
建安王荷不鄙許之以長揖賓序
生天香
設禮驩甚　王乃移席握手而言曰凡有德行之
君子辱臨吾地未嘗不請而友且敬之西邦為道
義之邦願聞其論友道何如竇退而從述曩少所
聞輯成友道一帙敬陳於左
吾友非他即我之半乃第二我也故當視友如已焉
友之與我雖有二身二身之內其心一而已
柏須相佑為結友之由
孝子繼父之所交友如承受父之產業矣
時當平居無事雖指友之真偽臨難之頃則友之情

《交友論》書影六：寶顏堂祕笈本

高寄齋訂正友論

大西域山人利瑪竇　集

中尊盧居士朱庭策　校

三竺　道人陳邦俊

利瑪竇曰吾友非他卽我之半乃第二我也故

當視友如巳焉

友之與我雖有二身二身之內其心一而巳

相須相佐爲結友之由

友論

《交友論》書影七：廣百川學海本

大西域利瑪竇集　陳燁然閱

利瑪竇曰吾友非他卽我之半乃第二我也故當視

友如己焉

友之與我雖有二身二身之內其心一而已

相須相佑為結友之由

孝子繼父之所交友如承受父之產業矣

時當平居無事難指友之真偽臨難之頃則友之情

顯焉蓋事急之際友之真者益近密偽者益疎散

《交友論》書影八：說郛續本

友論

　　　　大西域利瑪竇集

利氏竇曰吾友非他即我之半乃第二我也故當視友如己焉

友之與我雖有二身二身之內其心一而已

相須相佑為結友之由

交論　〔八〕

今也友既沒而哭之何益者君子益疏薄焉

友之離合貧富貴賤患難則友之情可見矣

凡甚富家不宜友如承受父之所交友之向

故須勿以他為結友之由

友之與我雖有二身二身之內其心一而已

相須相佑為結友之由

友之先定友交之後究信

交友之後宜信其心已發友多平實友有二人交口語相謗

誣詭者亦非友

有烏之君了無與焉必村華友

友之讓友而莫非以利也與市易者無異耳

友與仇友而莫非以利也否游之耳莫友以邪惡誤以利相許如醋和蜜雖甘何益以利相結乃怨友也

友既死我猶念之如存

說郛續四十六弓　　弓二十

《交友論》書影九：古今圖書集成本

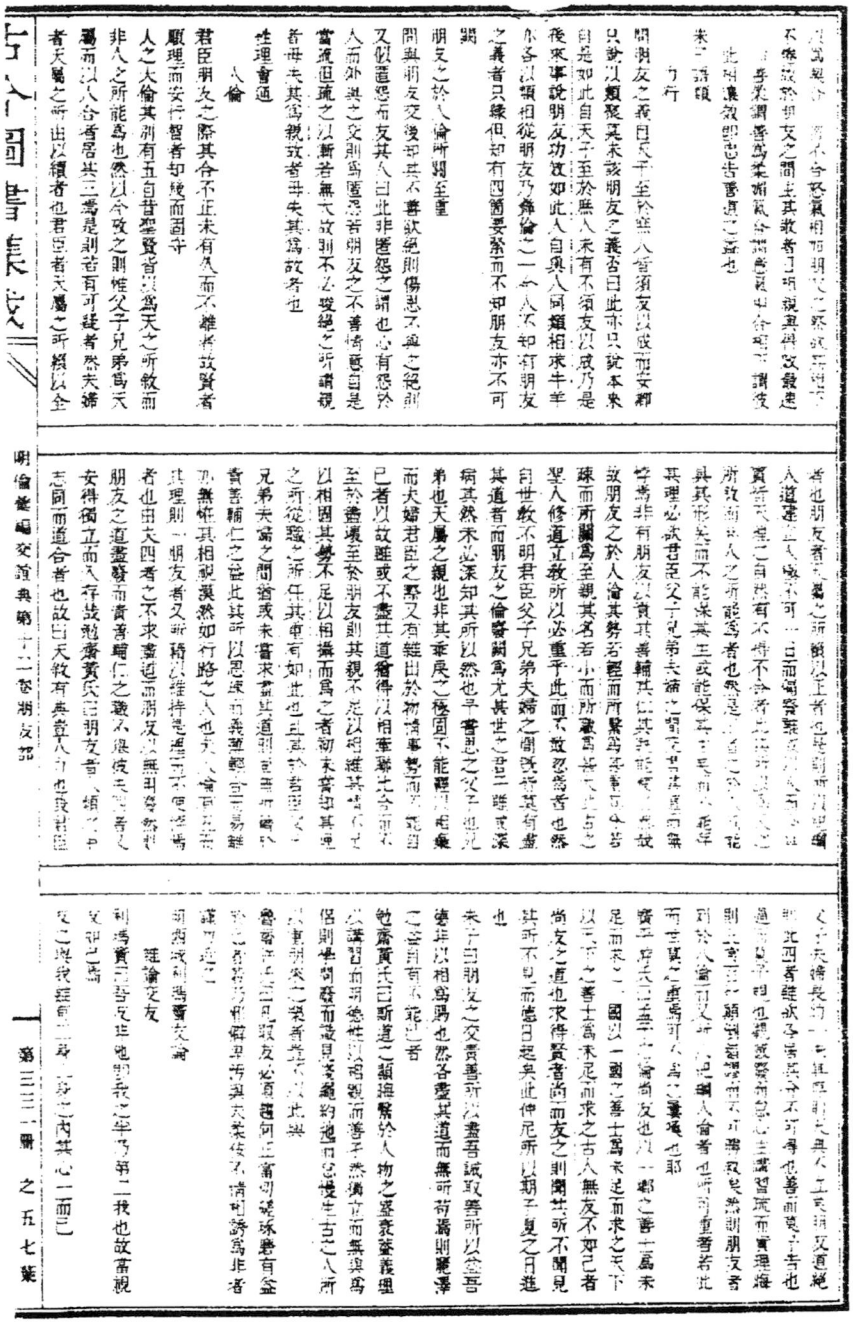

《交友論》書影十：鬱岡齋筆麈本

利君遺余交友論一編有味哉其言之也病儂

爲之蓋然勝枚生七發遠矣使其毒熟于中土

語則言之文字當不止是乃稍刪潤考于篇　吾友

非他卽第二我也故富視友如己焉　我與彼

二身也二身之內其心一而已夫是謂之友

孝子繼父之友如繼其産業焉　未交之先宜察交之

苟無異心必有良友　　有爲之君子

後宜信　友之饋友而望報焉非饋也爲市焉

棻麈

耳矣　衛恨每深于懷恩記仇常切于思友豈

不驗世之翕于善遇于惡哉　人情巨測交誼

難憑今日之友後或變而成仇今日之仇亦或

變而爲友可不懼乎不慎乎　交友如醫英

然醫誠愛病者必惡其病也彼以救病之故傷

其體苦其口醫不惡病者之身友亦宜惡友之惡

于諫之諫之何恤其耳之逆何恤其顔之慼

友之譽仇之訕皆不可盡常焉　友之訕之魔之

善我與仇之無所以害我等耳　友者過譽之

《交友論》書影十一：小窗別紀本

友論　大西域利瑪竇

吾友非他，即我之半，乃第二我也，故當視友如

己焉。友之與我雖有二身，二身之內其心一而

己已。相須相佑為結友之道。孝子繼父之

所交友如受父之產業矣。蔣鸞平居無事猶

惰友之真偽臨難之頃則友之情顯馬盖事急

之際友之真者益近密偽者盡跡散矣。交友

之先宜察友之後宜信。友之饋友而望報非

別紀　　三　　　　　　　　五六

《交友論》書影十二：朱翼本

《交友論》書影十三：合校本

上智編譯館館刊　第三卷　第五期　一七六

合校本交友論

寶也自最秘笈最（作大）　西航海入中華，仰大明天子之文德，古先王之遺教，卜室嶺表，星霜亦屢易矣。今年春時，度嶺浮江，抵於金陵，觀上國之光，沾沾自喜，以爲庶幾不負此遊也。遠覽未周，返棹至豫章，停舟南浦，縱目西山，玩奇挹秀，計此地爲至人淵藪也，低回留之不能去。遂舍舟就舍，因而赴見建安王，荷不鄙，許之以長揖賓序，設醴驩甚。王乃移席，握手而言曰：「凡有德行之君子，辱臨吾地，未嘗不請而友且敬之。西有秘笈西上邦爲道義之邦，顧聞其論友道何如？」寶退而從述曩少所聞，輯成友道一帙，敬陳於左。

此小引秘笈列任書名前，題曰：「友論引」；經濟籍、廣學海、續說郛，文曰：「利君道余交友論一編，有味哉！其言之也！病懷爲之爽然，一勝枚生七發遠矣！使其素熟於中土語言文字，常不止是，乃稍刪潤著於篇」。亦有小引，但非刪改原文而成，

秘笈、經濟籍、廣學海、續說郛、集非他，即我之半（筆靈刪卻我之半四字，乃改作即第二我也：故當視吾友成、吾友上有「利瑪竇曰」四字，乃改作即第二我也：故當視

友之於郛、集成、別紀、於作與。

友如己焉。

我，雖有二身，二身之內，其心一而已。（筆靈改作：「我與彼其心一而已，（二身也，二身之內，夫是謂之友」。

《交友論》書影十四：天學集解本

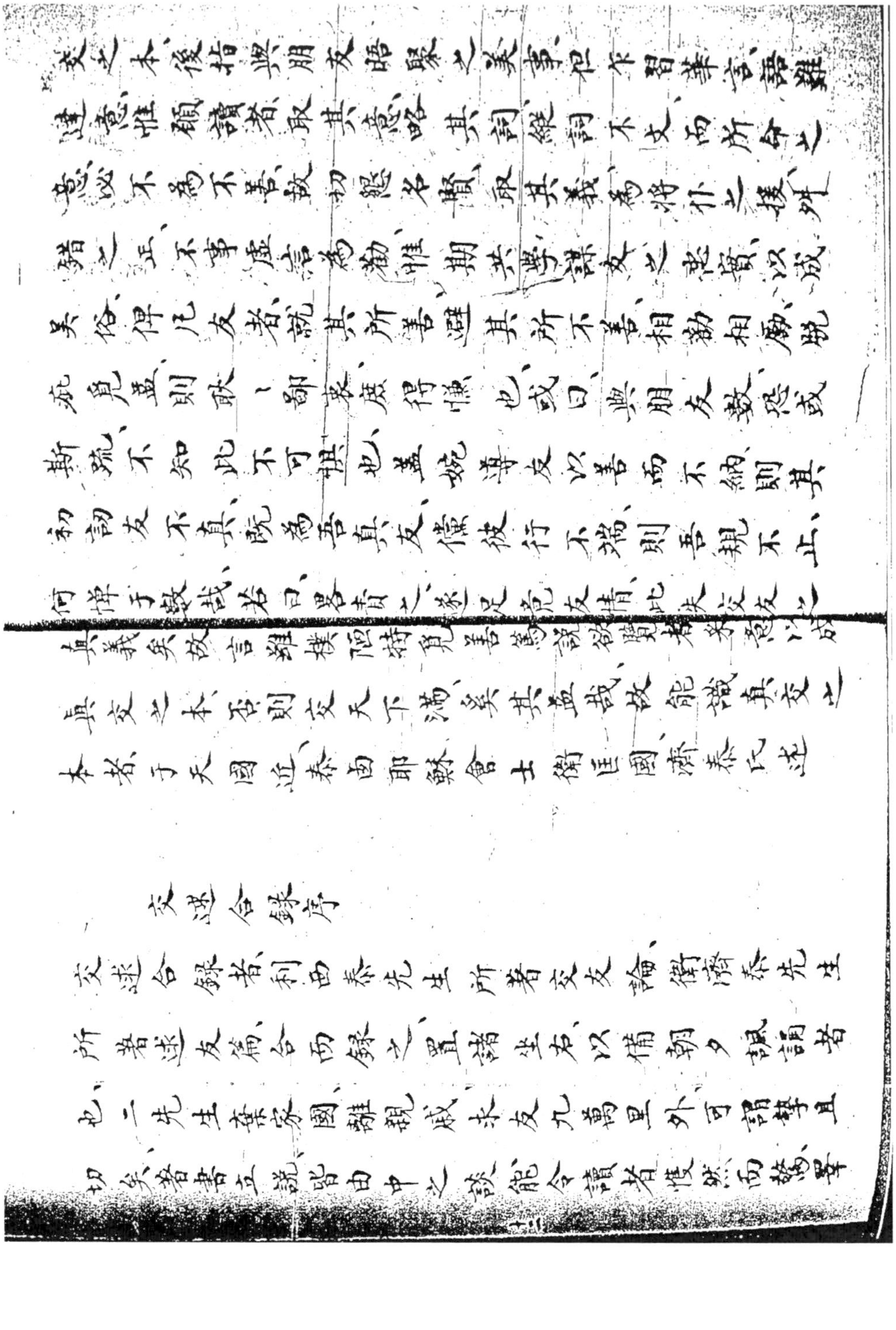

書影十五：利瑪竇書信集　義大利文本　1913 年重刻本封面

P. MATTEO RICCI S. I.

—

LE

LETTERE DALLA CINA

(1580 – 1610)

CON APPENDICE DI DOCUMENTI INEDITI

MACERATA

PREMIATO STABILIMENTO TIPOGRAFICO
AVV. FILIPPO GIORGETTI

—

1913

書影十六：利瑪竇書信集 義大利文本 1913 年重刻本內文

226 25. - AL P. CLAUDIO ACQUAVIVA S. I. A ROMA (13 OTT. 1596).

come; speriamo che sarà molto migliore che il passato che facessimo, et alcuni, che ne hanno visto alcuni capitoli, mi esortano molto a stamparlo.

L'anno passato per esercitio feci in littera cina alcuni detti *De Amicitia*, scielti i migliori de' nostri libri: e come erano di sì varie persone e eminenti, restorno più che attoniti i letterati di questa terra e, per darli più autorità, gli feci un proemio e gli diedi di presente a quel parente del re che ha titolo anco di re. E erano tanti i letterati che mi chiedevano per vederli e trascriverli, che sempre ne aveva alcune copie apparecchiate per mostrare; et uno che si fa molto nostro amico li trascrisse e, levandoli a sua terra, che è una città qui vicina, gli ha stampati con il mio nome senza dirmi niente; (1) dei che, sebene mi contristai, il suo buon animo fu degno di lode. Altri anco fecero libri stampati i quali parlavano assai bene.

Una fama si sparse per alcune esperientie, che fecero di noi che ci dà grande credito, che dice che noi non diciamo bugia né in cose piccole e che non fanno male a nessuno; e benchè questo tra noi non è grande cosa, qua in queste terre, dove la verità nè ne' fatti, nè nelle parole è poco in uso, è tenuto per miracolo molto grande. E per quanto il fondamento è porta per loro ricevere la nostra santa fè e credere ai predicatori del santo Evangelio, ci rallegriamo molto di questo buon nome che Iddio ci vuol dare, perchè facilmente si crede a quei di chi habbiamo oppinione che non mentono. (2)

L'altro giorno fui a presentare doi horiuoli di pietra al governatore di questa città, e mi tornò un molto bon presente di argento, priegandomi gli facessi alcuna altra cosa de ingegno; per questo, gli sto facendo adesso una descrittione de mappa universale di tutto il mondo con molte annotationi e dichiarationi. Non sta anco finito, e molti di buon ingegno lo vengono a vedere e me lo chiedono con molta instantia per stamparlo, dicendo che nella Cina sarà cosa accettissima. Già molti anni sono ne feci uno, ma, per esser mal dichiarato e peggio stampato senza me, non fu sì ben ricevuto, come sarà questo. (3)

(1) Il nome del mandarino che dette alla stampe l'opuscolo, viene taciuto anche nei *Commentarj*, dove però dice di più che era un *chien*, d'una città della regione di Cancou. Cf. *Commentarj*, p. 264 IX.: 455.

(2) Cf. *sopra* lett. 23, § 13, p. 240 *Commentarj*, p. 265.

(3) Il *Mappamondo*, cui ntrovalva in quest'anno 1596, fu quello pubblicato nel 1598-1599: l'altro, fatto e molto anni e sonno, è evidentemente quello divulgato in Scianchin il 1584, l'opera più opportuna per preparare il terreno alla predicazione evangelica. Cf. *Commentarj*, pp. 140, 392 ss.

利瑪竇圖像

圖一
利氏的素肖像

圖二
利氏來華四百年紀念郵票

圖三
利氏的著書傳教

以上三幅圖來自網址：
http：//www-groups.dcs.st-and.ac.uk/-history/PictDisplay/Ricci_Matteo.html
文圖作者：J J O'Connor and E F Robertson

利瑪竇交遊士人統計表 〔註1〕

身份 結識地點	活動時間	官紳	布衣	僧	道士	太監	合計
廣東	1583.8～1595.4	30	6	0	0	0	36
江西	1595.6～1598.6	10	2	0	0	0	12
南京	1595.5～6月 1598.7～1600.5	22	6	1	1	1	31
山東	1600	1	0	0	0	1	2
北京	1601.1～1610.5	34	12	1	0	0	47
不確定地點		3	3	0	0	0	6
合		100	29	2	1	2	134

〔註 1〕　本表之時間與人數統計，筆者以林金水：《利瑪竇與中國》，頁 286～316，附
　　　　錄一〈利瑪竇與中國士大夫交游一覽表〉及張國剛：《從中西初識到禮儀之爭
　　　　～明清傳教士與中西文化交流》（北京：人民出版社，2003 年），頁 368，整
　　　　理修改製表而得。《交友論》一書著於 1595 年 8～10 月間，之後開始流傳，
　　　　再於 1599 年於南京刊印，名聲漸廣，最後更於 1603 年在北京再版發行；更
　　　　可由筆者統計的表中發現，在南京與北京刊印流傳後，其友益繁。我們可檢
　　　　視，利瑪竇在廣東的 12 年半友人共 36 人，而成書流傳後的 16 年友人計 98
　　　　人，亦可推斷《交友論》一書，為他的人脈注入了很多新血、好友。

現今北京市地圖：利瑪竇墓之位置

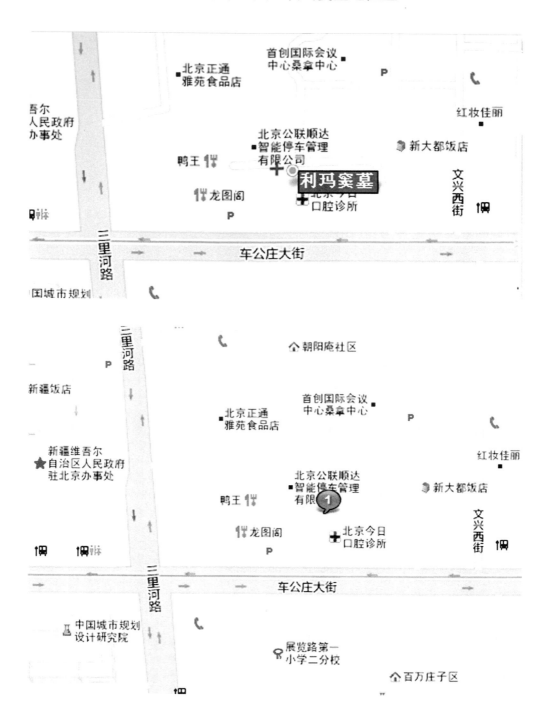

利瑪竇墓碑

位於北京阜成門外車公莊大街 6 號，中共北京市委黨校，行政學院校園內。